城市能源
智能互联规划实践

钱伟杰　主编

北京工业大学出版社

图书在版编目（CIP）数据

城市能源智能互联规划实践 / 钱伟杰主编 . — 北京：
北京工业大学出版社，2021.2（2022.10 重印）

ISBN 978-7-5639-7839-7

Ⅰ．①城… Ⅱ．①钱… Ⅲ．①互联网络－应用－能源
发展－研究－海宁 Ⅳ．① F426.2-39

中国版本图书馆 CIP 数据核字（2021）第 034125 号

城市能源智能互联规划实践

CHENGSHI NENGYUAN ZHINENG HULIAN GUIHUA SHIJIAN

主　　编： 钱伟杰
责任编辑： 乔爱肖
封面设计： 知更壹点
出版发行： 北京工业大学出版社
　　　　　　（北京市朝阳区平乐园 100 号　邮编：100124）
　　　　　　010-67391722（传真）　bgdcbs@sina.com
经销单位： 全国各地新华书店
承印单位： 三河市元兴印务有限公司
开　　本： 710 毫米 ×1000 毫米　1/16
印　　张： 8.75
字　　数： 175 千字
版　　次： 2021 年 2 月第 1 版
印　　次： 2022 年 10 月第 2 次印刷
标准书号： ISBN 978-7-5639-7839-7
定　　价： 58.00 元

编委会

前　言

随着人类社会和经济的发展，环境问题和能源危机日益凸显。为此，世界各国纷纷提出构建以最大限度开发利用新能源、最大幅度提高能源综合利用效率为使命的新一代能源系统。发展清洁高效的能源系统成为各国政府能源政策的核心战略，"能源互联网"的概念应运而生。相较于传统的电力系统，以电网为核心的新一代综合能源系统通过电—气、电—热耦合将电力网络与热网络、天然气网络紧密地联系在一起。此时，如果忽略上述多个能源系统之间的相互影响，基于传统方法单独规划电力网络，就很难保证规划方案的经济性、安全性与可靠性。此外，近年来随着国家将生态文明建设纳入国家发展战略，许多城市将绿色、低碳的理念融合到其电力网络布局中，规划并建设了一批以光伏发电、风力发电为代表的新能源电源项目，有效降低了能源生产带来的环境污染。然而，随着新能源在电网中的渗透率不断提高，其间歇性、不确定性也将对电网的安全性、可靠性和经济性带来一定影响。因此，在以电网为中心的新一代能源系统即将到来的研究背景下，开展多元不确定场景的能源互联网联合规划研究，并选取典型地区提供典型的实际规划方案，能切实有效地将理论与实际相结合，具有重大意义。

本书以海宁能源互联网示范区作为现实案例，考虑突破传统配电网规划方法的边界，综合考虑规划地区的多种能源需求，突出以电力为中心的能源规划理念和充分考虑以多场景不确定性为特征的典型规划方法。首先，第1章简要介绍了能源互联网示范区的基本情况以及进行能源互联网规划的基本要素，为第2章基于能源互联网基本要素开展相关负荷预测提供了理论依据。第3章对规划区域进行了考虑多元不确定场景的负荷预测，具体包括通过自下而上叠加获取示范区各供电单元的常规负荷曲线，基于海宁典型光伏聚类曲线和屋顶资源调研统计获取各地块的光伏出力预测曲线，运用综合打分法、蒙特卡洛模拟法获取电动汽车充电负荷预测曲线，以及运用多端口能量耦合模型形成考虑冷、热负荷的电力负荷预测曲线。然后，基于第2章的预测结果，在第3章和第4章提出了能源互联网的两种规划技术路线。第3章是多元不确定场景下的能源互联网示范区多网协同规划，即运用场景聚类方法缩减有效场景数目，并运用两阶段规划方法对尖山新区分别进行电—气、电—热协同规划，得到最优电力馈线、天然气管道及溴化锂制冷机组配置建议，从而获取尖山新区能源互联网协同规划方案。第4章是多元不确定场景下的能源互联网示范区网格化电网规划，即综合考虑多种非电力能源生产、消费形式对前述负荷预测结果进行修正，由此分别形成高压电网和中压配电网过渡年和远景年的规划方案。最后基于上述两种方案形成了对海宁地区的最终规划结果。

基于上文可得全书框架图：

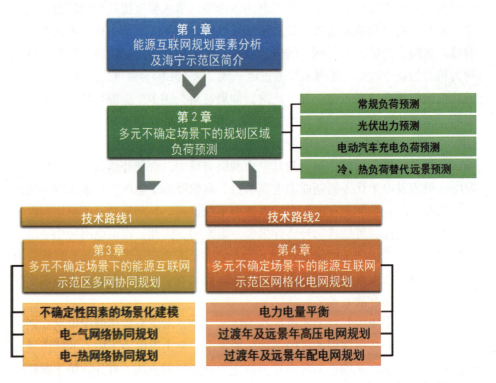

要点一：采用多场景建模方法，提出考虑能源互联网各要素的负荷预测方法。

本书结合海宁地区太阳能、风能等新能源的资源禀赋以及电动汽车、其他能源的发展情况，构建出考虑可再生能源、电动汽车、其他能源影响的电力需求不确定模型，以期为电力网络的优化配置与能源互联网的协同规划提供规划边界支撑。

要点二：基于多元不确定负荷场景，形成能源互联网电—气、电—热协同规划方法。

本书综合考虑能源互联网环境下电、热、气等多种能源的耦合互补特性，提出了一套基于海宁地区能源发展实际情况的综合能源设施的布局规划方法，以期有效提升海宁地区的能源互联网规划水平，实现冷—热—气的源—网—荷—储协调互动，促进新能源电源、电动汽车等设施的统筹规划和协调发展。

要点三：基于多元不确定负荷场景，形成以电为中心的能源互联网示范区网格化规划方法。

传统的电力规划往往仅根据对常规负荷的需求预测开展电网规划，然而海宁电网作为光伏渗透率较高、可再生能源出力间歇性较强的典型电网，只以常规负荷作为规划边界形成的规划结果与实际需求呈现出较大的偏差。因此，本书综合考虑风、光等不确定电源的特性，构建出多元不确定负荷需求场景模型，并对海宁现有的电网方案进行了优化改进，以期有效提升海宁地区电网的鲁棒性，使之与海宁可再生能源的发展相适应。

目　录

第1章

能源互联网规划要素分析及海宁示范区简介

1.1　能源互联网技术体系框架与应用特征及瓶颈

能源是经济社会的"血液"，是人类文明进步的基础和动力。我国目前已成为世界第一大能源生产国和消费国，仅煤炭消费量就超过全球的一半，且以煤炭等化石燃料为主的能源结构和粗放的能源发展方式在一段时间内不会改变，由此带来三大严峻挑战：一是资源紧张；二是环境污染；三是气候变化。党的十九大指出，我国经济已由高速增长阶段转向高质量发展阶段，要加强水利、铁路、公路、水运、航空、管道、电网、信息、物流等基础设施网络建设，推进能源生产和消费革命，构建清洁低碳、安全高效的能源体系。习近平总书记提出"四个革命、一个合作"的能源发展战略思想，明确了推动能源技术革命、带动产业升级的基本要求。

建设能源互联网是统筹解决能源和环境问题、破解经济与社会发展瓶颈的有效途径。能源互联网是以电为核心、以清洁能源为主导、采用先进信息通信技术和电力电子技术、满足分布式系统接入、对各类能源设备实施广域协调控制，可以实现能源优化配置与效率提升的智慧能源系统。其至少应具备能源清洁互联、多能协调互补、供需分散互动、设备智能自动、信息对称共享、交易平等开放等主要特征。能源互联网技术体系框架图如图1-1所示。

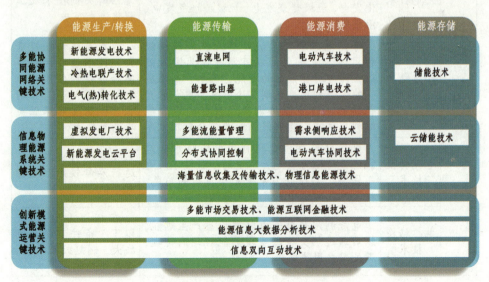

图1-1　能源互联网技术体系框架图

能源互联网可以分为三个层级。①物理基础：多能协同的能源网络；②实现手段：信息物理能源系统；③价值实现：创新模式的能源运营系统。其中，信息物理能源系统为区域能源互联网各环节的数据交互提供技术支撑，创新模式的能源运营系统即充分运用互联网思维，以用户为中心，创造业务价值。而多能协同的能源网络是能源互联网的核心，能源协同以电力网络为主体，协同气、热等网络，覆盖包含能源生产与转换、传输、消费、存储各环节的完整能源链。其包含的关键技术包括光伏发电技术、风力发电技术、生物质发电技术、冷热电联产技术、电气转换技术、电热转换技术、能源路由器、直流电网、电动汽车有序充电技术、港口岸电技术、储能技术，具体如表 1-1 所示。

表 1-1 能源互联网关键技术的应用特征及瓶颈

环节	关键技术	技术与应用特征	发展与应用瓶颈
能源生产与转换	光伏发电技术	光伏发电技术是指利用半导体材料的光伏效应将太阳能直接转化为电能的一种固态发电技术	间歇性、不稳定性、产能过剩
	风力发电技术	风力发电技术是指利用风力带动风车叶片旋转，再通过增速机将旋转的速度提升来促使发电机发电的一种技术	间歇性、不稳定性、风能资源分布不均衡、产能过剩
	生物质发电技术	生物质发电技术是指利用生物质所具有的生物质能进行发电的一种技术，包括农林废弃物直接燃烧发电、农林废弃物气化发电、垃圾焚烧发电、垃圾填埋气发电、沼气发电等	农林生物质原料难以大规模收集、纤维素乙醇关键技术及工程化尚未突破
	冷热电联产技术	冷热电三联供系统是建立在能源梯级利用理念基础上，以可燃气体为输入能源，通过对其产生的电能、热水、高温废气的综合利用，达到"冷-热-电"联产联供的一种多能协调集成互补的综合能源利用系统，能够提高能源综合利用效率	存在系统初始投资大、技术经济性和节能经济性评估困难、设计方案复杂、管网长、冷热管网保温要求高等缺点
	电气转换技术	电气转换技术是指利用电能将水和二氧化碳转化为氢气和甲烷的一种技术。电气转换厂站在电力系统充当负荷的角色，在天然气网络中则具有气源的功能	投资运行成本高、运行寿命较短、运行效率低
	电热转换技术	电能利用热泵等电转热设备产生热能，然后通过热交换器实现热能短距离传输，满足用户用热需求	在极温（-25℃及以下）条件下能效衰减大，制热效果较差。南方供热需求不大

环节	关键技术	技术与应用特征	发展与应用瓶颈
能源传输	能源路由器	能源路由器是能源互联网运行与控制的具体实施装置，在实际应用中执行智能管理系统的调控指令，包括能源的高效传输装置、低损耗转换装置、高效能源路由装置等	电力电子变压器在功率、容量和可靠性上有待提高；大规模储能成本高
	直流电网	直流电网是综合能源系统中骨干网架以及配用电网和微电网的核心，是实现能量高效率、低成本传输的关键	换流器、直流断路器等关键设备的研发
能源消费	电动汽车有序充电技术	电动汽车有序充电技术可以引导电动汽车充放电行为与电网负荷、新能源形成有效互动，从而平抑综合能源电力系统的负荷波动、消纳新能源，提升电网安全经济运行水平	电池寿命限制、用户行为难以管理、电力市场不完备
	港口岸电技术	船舶靠港期间，停止使用船舶上的发电机，而改用陆地电源供电，可以减少大量的化石能源消耗及其所造成的环境污染，降低高昂的船用发电成本	不同国家船舶的电制不同，船舶与岸电系统连接的安全、标准问题等
能源存储	储能技术	储能技术可以有效地实现综合能源网络的需求侧管理，消除昼夜间峰谷差，平滑负荷，可以更有效地利用电力设备，降低供电成本，促进可再生能源的应用	储能材料的研发成本、能量转化效率、建设成本高

能源互联网的发展，将长期存在以电为核心，电、气、热等多种能源网络间耦合互联，多种能源形式间协调互补的发展格局。燃气发电技术和电转气技术的应用，可实现电网与气网之间能源流动形式由"单向转换"向"双向流动"转变。随着电能替代的逐步推进，电能转化为热能的比例显著提升，热网和电网的联系日趋紧密。当前，电网中，电能易传输但大规模存储相对较难，在远距离输送和大范围优化配置上优势明显；热网中，热能存储相对简单但传输较难，在存储上优势明显。二者的耦合互联，可充分利用其物理特性互补，有效增强区域能源互联网的灵活性。

1.2 浙江省能源发展概况

1.2.1 浙江省能源基础情况

浙江省是我国沿海经济大省，能源需求旺盛；又是"无油、缺煤、少电"的资源小省，能源储量匮乏，能源供需矛盾日益突出。

浙江省煤炭资源贫瘠，且可供开采的煤炭资源已近枯竭，煤炭需求全部依赖外省调入和外国进口。现在，浙江省煤炭消费在一次能源结构中的比重逐年下降。虽然浙江省煤炭消费占比已经低于国内平均水平，但煤炭在省内能源结构中仍然占据主导地位。

浙江省迄今尚未发现有开采价值的原油和天然气资源，油气资源全部依靠外国进口和外省调入。浙江省石油消费总量有所上升，总体上看，石油在能源消费结构中的比例趋于稳定。浙江省天然气消费量快速增长，但是从国际经验来看，比重仍然过小，远低于世界平均水平，未来仍有很大的发展空间。

与传统化石能源相比，浙江省风、光、水等可再生能源相对良好。目前，浙江省水电装机已初步形成规模，并趋于稳定，在政府大力支持水电开发的背景下，近年来小水电得以快速发展。浙江省风电资源相对丰富，风电装机容量和发电量都呈现快速上升态势。太阳能资源方面，浙江省光伏发电产业发展迅速，规模持续扩大。海洋能资源方面，浙江省地处中国东南部沿海，潮强流急，蕴藏着丰富的海洋能资源，潮汐能开发规模全国领先。生物质能资源方面，浙江省乡村地区的生物质能资源蕴含量丰富，以有机废弃物为主，此外，沿海地区大型海藻和微藻等海洋生物质能资源的开发前景良好。

1.2.2 浙江省能源发展情况

2017年12月起，浙江省在全国率先创建国家清洁能源示范省。目标是立足浙江省实际，持续优化能源消费和供应结构，加快发展清洁能源，努力构建清洁低碳、安全高效、智慧多元的现代能源体系，打造东部沿海地区清洁能源供应的有效范本，引领我国能源体系转型升级。

浙江省严控以煤炭为代表的化石能源消费总量，耗煤项目实行煤炭减量替代，形成横向到边、纵向到底的控制体系。

6

浙江省因地制宜发展可再生能源，安全高效发展核电。未来一段时间，浙江省将加快推进水能、风能、太阳能、生物质能、海洋能、地热能等可再生能源规模化发展，重点推进分布式光伏发电发展和海上风电示范工程建设，进一步发展地面光伏电站和陆上风电项目，安全高效地发展核电，加强潮汐能、潮流能、洋流能等的研究开发，同时，将推进一批生物质发电、沼气发电、海洋能发电项目前期和建设工作。此外，浙江省还将通过特高压网架合理引进省外清洁电力来电，如结合国家"西电东送"总体部署，推进送浙特高压交直流项目建设，已形成四川溪洛渡至金华、宁东至诸暨、皖电东送二期、浙北至福州"两直两交"的特高压网架，各送浙输电通道中非化石能源电量比重在 30% 以上。到 2023 年，浙江省外购电量占全省用电量比重控制在 25% 左右。

浙江省以典型示范作用推进清洁能源发展。浙江省将从全省实际出发，分级分类分地区打造一批"有特色、出经验、可复制"的示范基地、示范项目和示范区，通过发挥其典型示范作用，以点带线，以线带面，从而推进全省清洁能源的纵深发展，打造面向全国、可供借鉴的典型样本。

一是加快推进三代核电和海岛核电示范项目建设，引领我国核电发展。位于台州市的三门核电站是全球率先采用第三代先进压水堆 AP1000 技术的核电项目，完成全球首台 AP1000 核电机组的工程实践，为我国消化吸收并初步掌握三代核电技术做出了贡献。

二是加快海洋可再生能源综合利用示范基地建设，引领我国海洋可再生能源利用。浙江省将充分利用其海洋优势，加快推进以海上风电、海洋能为重点的海洋可再生能源综合开发利用，形成全面有序的海洋可再生能源开发利用态势，带动东部沿海海洋可再生能源开发。

三是加快光伏发电综合示范基地建设，引领东部地区分布式光伏发电发展。首先继续大力推进以分布式光伏为主的光伏发电发展，以浙江省 10 个国家级分布式光伏发电应用示范区为依托，推进与工业厂房、公共建筑相结合的光伏发电发展，形成分布式光伏发电发展示范效应。

四是加快抽水蓄能综合示范基地建设。近年来，浙江省核电、可再生能源和省外特高压交直流快速发展，这些电源一般不参与调峰填谷、调频调相任务，为满足浙江省乃至华东电网安全稳定经济运行的需要，浙江省将加快推进抽水蓄能发展，以突破抽水蓄能建设运营体制机制障碍。

1.3 浙江省海宁市能源发展概况

1.3.1 海宁市基本情况

海宁市地处长江三角洲杭嘉湖平原南端，气候属于北亚热带季风气候区，冬夏长，春秋短。海宁市的工业基础良好，工业门类涉及 30 个大类 100 多个小类，区域特色经济优势明显。海宁市的皮革、家纺和经编享誉全国，已经成为海宁市的三大支柱产业，供热需求量大。海宁市通过建设集中式的热电厂，在满足经济社会发展产生的热、电需求的同时，也减轻了资源环境的承载压力。而近几年来，随着热、电负荷不断增加，原有的电源点已不能满足负荷增长的需求。

海宁市年光照时间在 1300 小时左右，太阳能资源在浙江省内相对比较丰富。大量光伏企业聚集，已建设大量分布式光伏发电设施。海宁市毗邻钱塘江，风电资源丰富，沿江海塘的风资源品质较好，风功率密度较高、风力持续性也较好，风机更容易输出质量好、稳定性高的电能。截至 2018 年 11 月，海宁市光伏装机容量达到 580 MW，风电达到 50 MW，夏季最高峰值负荷为 165 万 kW。随着新能源并网规模的逐步扩大，海宁市部分地区的配变已经出现潮流反送等现象，给电网的安全稳定带来了重要保障。

1.3.2 海宁市能源互联网综合示范区情况

综上所述，海宁市既有构建能源互联网的土壤，也有其需求。海宁市人民政府和国网浙江省电力公司已经在海宁市建设完成全国首个城市级能源互联网综合示范项目。该项目通过建立更大范围的电力能源优化配置平台，打破了资源配置瓶颈，构建了城市能源互联网，有效提高了清洁能源的电网消纳能力，推动了城市能源的合理配置。该项目力求打造以电为中心的能源交互配置平台，以数据驱动的城市能源互联网资源配置机制与体系，支撑能源大数据共享平台及其创新服务机制与体系建设，充分发挥专业输配售电业务优势，积极开展市场化服务，创新开拓电网延伸业务，为公司的节能服务等产业提供实践市场化服务所需的手段与工具，在实现能源流＋信息流＋业务流高度融合的基础上，探索整合价值流的"四流合一"，建设供电更可靠、服务更优质、运营更高效、环境更友好的现代能源综合服务企业。海宁市能源互联网示范框架如图 1-2 所示。

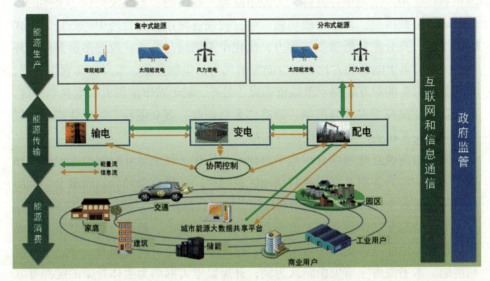

图 1-2　海宁市能源互联网示范框架

依据海宁城市产业布局特点，示范区分为核心示范区、辅助示范区和推广应用区。2017—2018 年度，海宁市完成了核心示范区和辅助示范区建设工作。2019 年度，海宁市又完成了推广应用区的推广建设工作。海宁市能源互联网示范规模如图 1-3 所示。

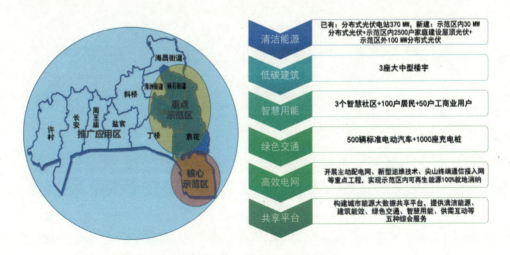

图 1-3　海宁市能源互联网示范规模

　　浙江省海宁市人民政府和国网浙江省电力有限公司联合申报、协同管理能够更好地实现统筹规划建设,落实资金。示范区具有良好的经济基础、产业基础、政策基础,用户基础条件良好,为城市能源互联网的示范建设提供了坚实的示范保障。由此可见,该项目的实施,可打破现有城市能源管理中的条块分割式管理局面,充分挖掘低碳供需潜力,优化供需结构与方式,改善多资源用能环境,提高可再生能源的占比,减少能源消耗与污染物排放,提高能源利用效率,实现低碳综合能源互联网示范城市建设。另外,基于城市能源大数据共享平台,探索新的能源商业模式与机制,带动"大众创业、万众创新"的新业态,可以实现能源及其相关产业链的优化与调整。

　　海宁市能源互联网综合示范项目建设是构建区域能源互联网的重要探索和理论实践,将为能源互联网在其他地区进行推广提供宝贵经验。政策上,能源互联网涉及多个能源网络的规划与运行,相关利益方需要共同协调、统筹推进;技术上,能源互联网涉及的关键要素和相关技术远比一般系统更加复杂,需要从更宏观的角度进行更加细致的规划,这样才能避免资源的浪费,促进项目顺利落地。本书以海宁市尖山新区为例,开展以电力网络为主体骨架的能源互联网规划,以期为能源互联网规划提供一种新的思路。

第2章

多元不确定场景下的规划区域负荷预测

2.1　概　述

能源互联网发展下的区域分布式能源系统将是一个由物质、能量、信息深度耦合的复杂系统，它不仅涉及性质各异的子系统、多个能源环节，还与区域的社会、经济、资源、气候、环境形势等紧密相关。时间、地理、能量、信息、社会的多域与多层次耦合性决定了区域分布式能源系统规划研究的充分性和技术方法创新的必要性。与传统的电网负荷预测相比，能源互联网下的负荷预测除包含常规电能源外，还将考虑诸如分布式电能源（风电、光伏）、电动汽车以及其他非电能源转化的影响（图 2-1），由于风、光的间歇性，电动汽车分布与充放电的随机性以及气、冷 / 热资源与电耦合的随机性，上述因素在区域实际发展中往往存在极高的不确定性，且对常规电负荷会产生极大影响。因此，需要打破传统的耦合方式，将这些不确定的因素进行场景化聚类，以准确分析其对规划区负荷的影响。

图 2-1　考虑多元不确定影响下的规划区域负荷影响因素

图 2-2 为考虑多元不确定场景下的规划区域负荷预测总体思路框图。通过负荷密度指标法，结合聚类分析得到典型的地块电负荷曲线，可以自下而上叠

加得到网格电负荷曲线；通过电动汽车规划规模自上而下分配，运用蒙特卡洛充电仿真，可以得到典型的地块充电负荷曲线和网格充电负荷曲线；基于屋顶调研及开发强度统计，运用聚类分析，可以得到典型的地块光伏出力曲线和网格光伏出力曲线；基于冷热源调研，运用多能流分析，可以得到地块冷热曲线和网格冷热负荷曲线，量化冷热需求对电需求的影响。之后，通过各类负荷曲线自下而上的叠加，可以得到考虑前述各种影响因素的网供负荷曲线。

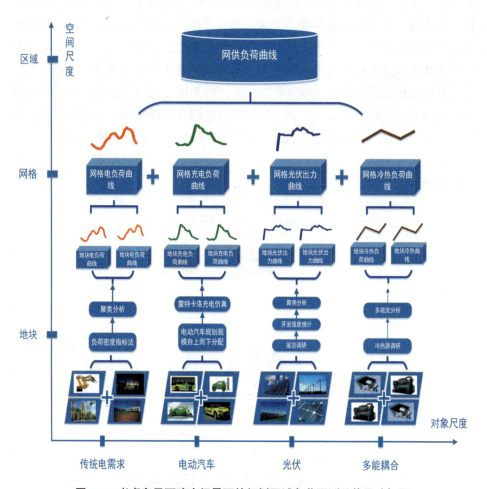

图 2-2　考虑多元不确定场景下的规划区域负荷预测总体思路框图

2.2 尖山新区负荷指标

2.2.1 地块典型负荷曲线

不同类型负荷具有不同的峰谷时间分布，如居民负荷的尖峰时段一般在晚上，行政办公或产业用户的负荷尖峰一般在白天。因此，负荷密度指标法对不同性质的地块进行叠加时，不能简单考虑最大负荷量，而需要考虑一定比例。在配电网规划和负荷预测中，这被称为同时率问题。

不同负荷的时间分布差异是产生同时率问题的主要原因。图 2-3 给出了归一化（最大值为 1）之后的一个居民负荷与行政办公负荷的叠加效果。可见，两个峰值为 1 的负荷叠加后，由于负荷曲线的差异，总负荷的峰值为 1.68，此时的同时率为 1.68/2=0.84。

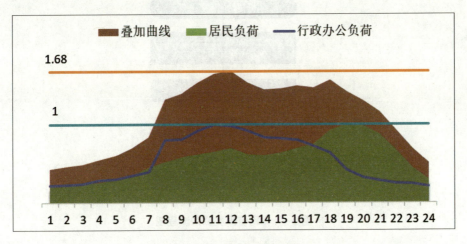

图 2-3　负荷叠加原理说明

该案例充分说明，若知道基础负荷的典型负荷曲线，就可以通过负荷曲线对负荷进行自下而上的叠加，得到更大区域的负荷。这种做法的最大好处是可以避免同时率的选取。

随着智能电网的发展，智能电表采集了大量的用电信息，配电网中可用数据呈指数式增长。一个很自然的想法就是通过用电信息采集系统获得大量用户的日负荷曲线，并且通过聚类算法对其进行分类，将各类型的中心线作为该地块类型的典型负荷曲线，见图 2-4。

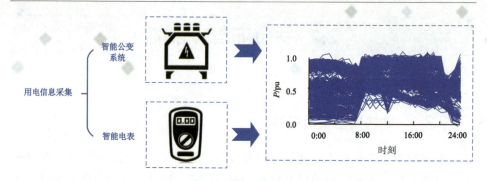

图 2-4　k 均值聚类算法流程图

本节具体采用的算法是 k 均值聚类算法。k 均值聚类算法能够将一个混合群体划分为给定数目的类别，划分标准为个体与个体之间的距离，通过算法的迭代可使聚类集中所有样本到聚类中心的距离和最小。图 2-5 为 k 均值聚类算法流程图，算法流程如下。

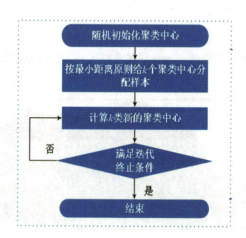

图 2-5　k 均值聚类算法流程图

第 1 步　任选 k 个初始聚类中心：

$$Z_1(l),\ Z_2(l),\cdots,\ Z_k(l)$$

第 2 步　计算每个样本到 k 个聚类中心的距离，并按最小距离规则分配样本。

若 $\|X-Z_j(k)\|<\|X-Z_i(k)\|$，则

$$X\in G_j(k),\ i=1,2,\cdots,\ k,\ i\neq j$$

其中：$G_j(k)$ 为聚类中心 $Z_j(k)$ 的样本聚类。在第 k 次迭代，分配各个

样本 X 到 k 个聚类中心。

第 3 步　从第 2 步的计算结果计算 k 类新的聚类中心：

$$Z_j\left(k+1\right)=\frac{1}{N_j}\sum_{X_i\in G_j\left(k\right)}X_i,\ j=1,2,\cdots,\ k$$

新的聚类中心应使准则函数的值达到最小，即

$$J_j=\sum_{i=1}^{N_j}\left\|X_i-Z_j\right\|^2,\ X_i\in G$$

其中：$G_j\left(k\right)$ 是第 j 个类；N_j 为第 j 个类的样本数；Z_j 为第 j 个样本的聚类中心。

第 4 步　若新的聚类中心与前一个聚类中心相等，即

$$Z_j\left(k+1\right)=Z_j\left(k\right),\ j=1,2,\cdots,\ k$$

则算法收敛，聚类结束；否则，转入第 2 步。

图 2-6 为海宁市各主要用地类型聚类得到的典型负荷曲线。

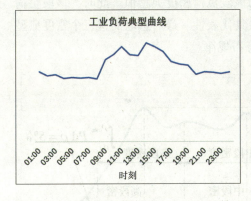

图 2-6　海宁市各主要用地类型聚类得到的典型负荷曲线

2.2.2 地块典型负荷密度

在实际配电网规划中，通常应以《城市电力规划规范》（GB/T 50293—2014）为基础，综合考虑当地社会经济发展和居民生活水平等因素，以适度超前为原则构建各地空间负荷密度指标体系。但空间负荷密度指标体系有明显的区域特色，由于气候、经济发展水平、产业类型等的差异性，全国性或者整个浙江省层面的负荷密度指标体系在尖山新区的适用性有限，需根据当地特点针对性地设置密度指标。

本书采用基于大量成熟地块的大数据统计得到各用地类型的空间负荷密度指标体系。

假设图 2-7 为某用地类型的所有样本负荷密度的概率密度曲线（深色粗实线）。为去除样本中极值数据的影响，首先应从极小和极大的负荷密度数据中各剔除 5%（如图 2-7 阴影部分），重新定义负荷密度上界、下界，然后将剩余数据按三分位数划分为低段、中段、高段三段；最后从各段密度中选取概率密度（纵坐标）最高的负荷密度值作为该段负荷密度典型值。此时，该段负荷密度值在该值邻域分布最集中，因而最具代表性。最后选取的这三个密度典型值 ρ_{lt}, ρ_{mt}, ρ_{ut} 可全面地刻画空间负荷分布规律。

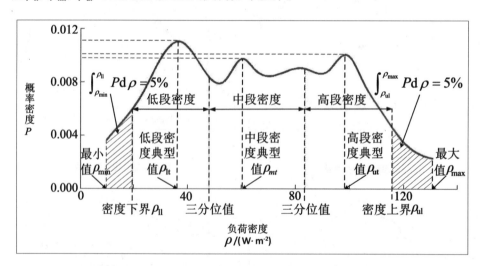

图 2-7　某用地类型的所有样本负荷密度的概率密度曲线

调研人员选择海宁市约 3000 个成熟地块用户进行空间负荷密度指标摸底调查，其中工业地块 1500 个、商业地块 800 个、居住小区 700 个。调研人员通过用采系统获取最大负荷数据，通过地理信息系统（GIS）并结合调查问卷获取面积信息，并对各类样本地块负荷密度进行了计算，表 2-1 给出了其中部分工业及商业地块的样本信息。

表 2-1 海宁市空间负荷密度部分调研样本

类型	用户	占地面积 /m²	2017 年最大负荷 /kW	负荷密度 / (W · m⁻²)
工业用地	中大运动服装	21123	1132	53.6
	海宁市××纤维有限公司	3511	182	51.8
	海宁市××染整有限公司	10223	203	19.9
	海宁市××皮草有限公司	6513	528	81.1
	浙江××服饰有限公司	18270	197	10.8
	海宁市××经编有限责任公司	6889	659	95.7
	××纺织合营公司	5950	856	143.9
	海宁市××服装辅料厂	2213	195	88.1
	海宁市××经编有限公司	6489	99	15.3
	浙江××经编有限公司	10543	975	92.5
	海宁××织造有限公司	91371	2650	29.0
商业用地	海宁市××农贸市场有限公司	12776	201	15.7
	海宁市××置业有限公司	2956	13.28	4.5
	浙江××汽车销售服务有限公司	6668	157	23.5
	海宁××递有限公司	13385	41	3.1
	海宁市××石化经营有限公司	2766	22	8.0

本节基于大量调研地块的负荷密度指标数据，通过前文所述 k 均值聚类算法进行统计，结果如图 2-8 至图 2-11 所示。由此可见，k 均值聚类算法可以清晰地给出海宁市各主要用地的负荷密度典型分布特征。

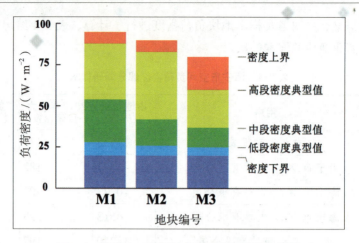

图 2-8　海宁市工业用地负荷密度典型分布特征

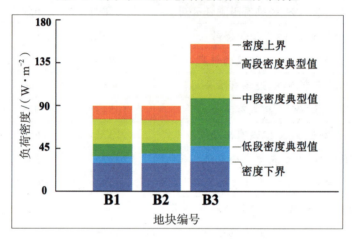

图 2-9　海宁市商业用地负荷密度典型分布特征

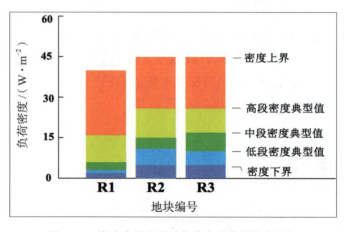

图 2-10　海宁市居住用地负荷密度典型分布特征

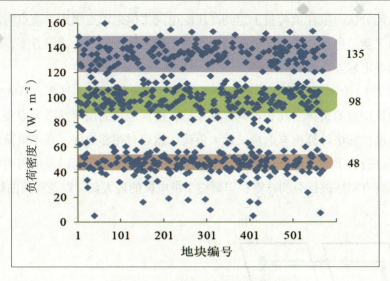

图 2-11　B3 样本点负荷密度分布

图 2-11 给出了部分 B3 样本地块的实际负荷密度值。由图可知，其主要集中在 48 W·m^{-2}、98 W·m^{-2} 和 135 W·m^{-2} 三个典型值附近，在典型值 ±10% 范围内的样本个数占 76.1%。调研人员采用 SPSS 软件对三个局部聚集区域进行 K-S 检验后发现，三个区域相伴概率值皆大于显著性水平（0.517、0.324、0.282 均大于 0.05），由此可见其在典型值附近满足正态分布。

2.3　自下而上常规负荷预测

浙江省尖山新区已有多年网格化规划开展经验。网格化体系由地块、用电网格、功能分区三个空间层次组成。

地块作为网格化体系中规划强度赋值的基本单位，一般来说，在负荷量级上对应配变级别。进行地块负荷预测有助于确定配变容量和台数，确定开关站布点，制订用户接入方案。

用电网格在负荷量级上对应中压线路级别，重点对应中压网架结构。进行网格负荷预测有助于指导线路电力平衡，确定中压馈线数量和供电方案，明确廊道、路径及开闭所选址。

功能分区一般在负荷量上达到高压配电网主供电源点级别，重点对应变电站电力平衡。进行功能分区负荷预测有助于确定高压变电站建设方案，进行变电站选址定容。

图 2-12 给出了网格化体系下自下而上负荷叠加的基本过程，首先需获取各类地块的典型负荷曲线和负荷密度指标，根据地块的用地性质和面积，采用负荷密度指标法计算所有地块的最大负荷；然后对相邻地块，基于负荷曲线对其负荷进行自下而上的叠加计算，得到所有网格的最大负荷以及负荷曲线；最后，对所有网格进行叠加计算，得到整个供电区的最大负荷以及负荷曲线。

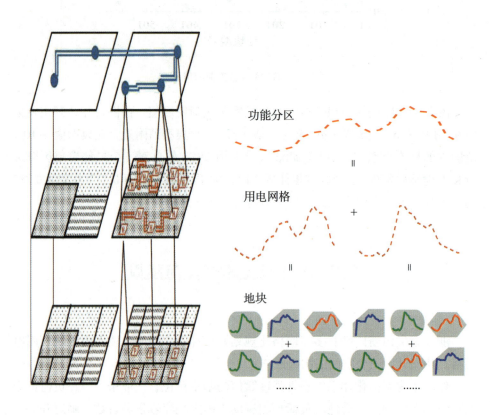

图 2-12　基于负荷曲线的自下而上负荷叠加过程

图 2-13 给出了尖山新区不同片区的规划功能定位。图 2-14 给出了基于自下而上叠加得到的尖山新区远景年负荷量及其典型日曲线预测结果。可见，各网格预测得到的典型负荷与网格功能定位基本一致。例如，HN-JS-JN01 和 HN-JS-DJ01 网格中有大量的居住、商业和公共服务地块，因此这两个网格的预测负荷曲线也呈现居民和商业的典型性质，即白天和夜间双峰，其中白天较平稳，晚上峰荷较低。HN-JS-JN02 和 HN-JS-DJ02 以制造业为主，因此这两个网格的预测负荷曲线也呈现典型的产业性质，即白天双峰，其中中午有一个明显下凹，夜间负荷下降明显。

图 2-13 尖山新区不同片区的规划功能定位

23

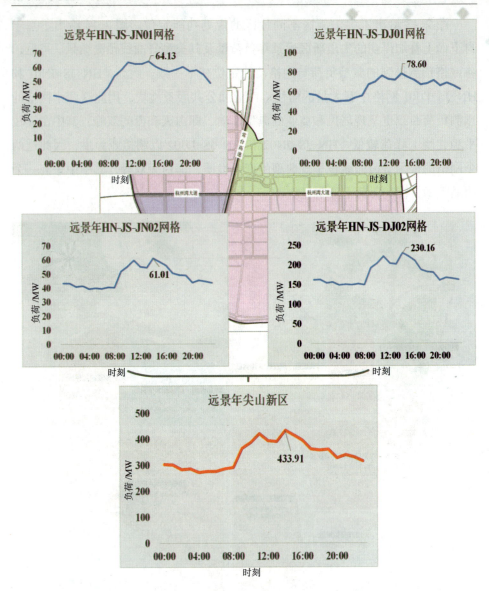

图2-14 尖山新区远景年负荷量及其典型日曲线预测结果

2.4　尖山新区光伏出力预测

光伏电源一般在白天中午时段达到出力高峰,在夜间和清晨明显衰减。因此,光伏发电具有天然调峰特性。一方面,尖山新区是典型的工业园区,厂房集聚,具有优越的屋顶光伏开发潜力。另一方面,尖山新区光照资源丰富,年等效小时数达到 1250 小时。在尖山新区网供负荷预测时,必须考虑光伏渗透的影响。

截至 2018 年 8 月,尖山新区光伏安装容量已达 199.8 MW,其中尖山变接入 175 MW,安江变接入 24.8 MW。2016 年夏季用电高峰期间,尖山变最大负荷 95.78 MW。而截至 2017 年底,光伏装机总容量已达 165.55 MW,占海宁全市的 37.63%。尖山新区已呈现出高渗透分布式光伏接入、多点、多电压等级以及多种形式接入的态势。

图 2-15 给出了尖山新区现状年光伏屋顶分布情况,在其中选择 55 个样本进行光伏屋顶开发强度统计,统计结果如图 2-16 所示。

图 2-15　尖山新区现状年光伏屋顶分布情况

由图 2-16 可以看出，区域内光伏屋顶的开发强度大致趋近，分布区间为 $34 \sim 134$ W·m^{-2}，中位数约为 72 W·m^{-2}。采用 SPSS 软件进行 K-S 检验，可发现相伴概率值大于显著性水平，由此可见，光伏屋顶的开发强度围绕 72 W·m^{-2} 呈高斯分布的假设是成立的。

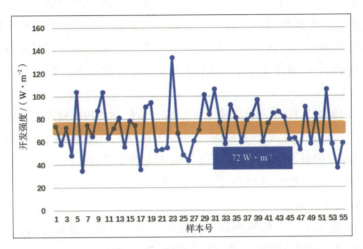

图 2-16　尖山新区现状年光伏屋顶开发强度统计结果

图 2-17 给出了基于控规得到的尖山新区远景年光伏屋顶预测分布情况，按照现状年统计得到的中位数开发强度 72 W·m^{-2}，可对远景年各网格的光伏装机规模进行预测，结果如表 2-2 所示。

图 2-17　尖山新区远景年光伏屋顶分布情况

表 2-2　尖山新区远景年屋顶光伏装机规模预测

网格	现状		远景	
	面积 $/\text{km}^2$	容量 $/\text{MWp}$	面积 $/\text{km}^2$	容量 $/\text{MWp}$
HN-JS-JN01	0	0	1.15	82.90
HN-JS-JN02	0	0	2.47	177.84
HN-JS-DJ01	1.00	51.73	2.8	221.15
HN-JS-DJ02	1.34	162.37	9.87	716.81

在考虑光伏的网供负荷平衡时，进行简单的峰值相减会造成很大误差，因此必须考虑不同时段的负荷和光伏出力特性。图 2-18 给出了部分采集于光伏集中监控系统的尖山新区光伏典型日出力曲线，同时也展示了基于 k 均值聚类算法得到的光伏典型日曲线。

采用该聚类算法，还可得到如图 2-19 所示的尖山新区不同季节和天气类型下的光伏典型日出力曲线。

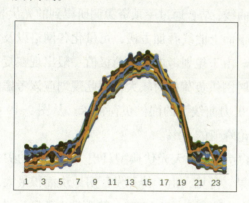

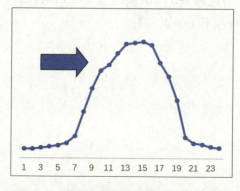

图 2-18　尖山新区光伏典型曲线聚类结果

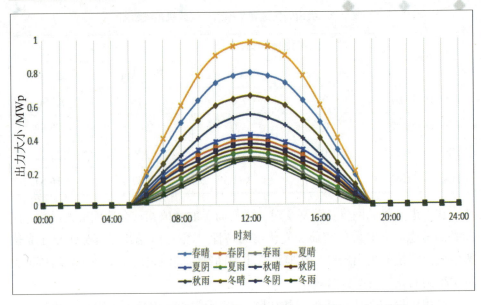

图 2-19　尖山新区不同季节和天气类型下的光伏典型日出力曲线

　　基于光伏典型曲线，结合通过屋顶资源调研得到的光伏装机规模预测结果，采用前文介绍的自下而上曲线叠加方法，可量化各网格以及整个区域的屋顶光伏典型日出力曲线。由于规划考虑的负荷极值一般出现在夏季，且夏季雨天光伏削峰不明显，此时网供负荷相对较大，因此规划应该考虑的边界条件为满足夏雨天光伏典型日出力曲线下的网供负荷需求。从图 2-19 可见，此时光伏日出力的最大值为理论峰值的 40%。

　　图 2-20 给出了考虑夏雨天光伏典型日出力曲线后的尖山新区远景年各网格光伏出力预测结果。可见，由于待开发厂房地块面积最大，因此远景年 HN-JS-DJ02 网格光伏出力达到 286.72 MWp。整个尖山新区远景年光伏出力峰值为 479.5 MWp，峰值出现在下午一点左右。

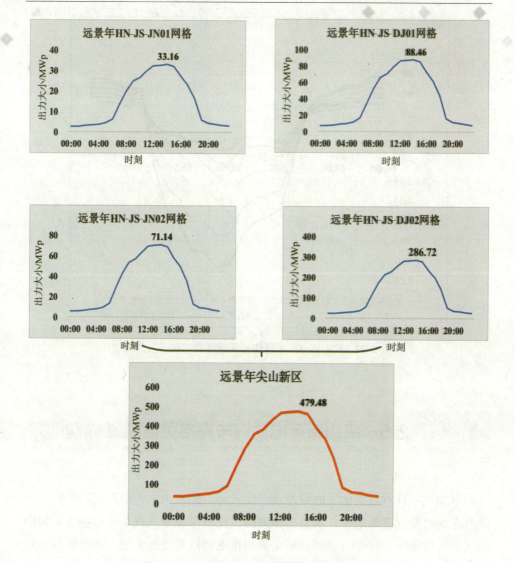

图 2-20　尖山新区远景年各网络光伏出力预测结果

HN-JS-DJ01 网络光伏渗透的"鸭子"曲线如图 2-21 所示，该"鸭子"曲线给出了 HN-JS-DJ01 网格光伏渗透率（按 2018 年现状负荷测算）与网供负荷的关系。由该"鸭子"曲线可以看出，随着屋顶资源的逐步开发，DJ01 网格白天时段的网供负荷被逐步削减，直至产生光伏功率倒送的现象。

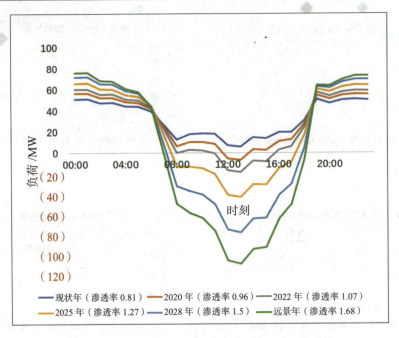

图 2-21　HN-JS-DJ01 网格光伏渗透的"鸭子"曲线

图例：
现状年（渗透率 0.81）　2020 年（渗透率 0.96）　2022 年（渗透率 1.07）
2025 年（渗透率 1.27）　2028 年（渗透率 1.5）　远景年（渗透率 1.68）

2.5　尖山新区电动汽车充电负荷预测

电动汽车具有显著的节能减排和环保优势。随着未来尖山新区的发展，电动汽车的数量将逐渐增多，在负荷预测时，充分考虑电动汽车充电特性对尖山新区负荷的影响显得十分必要。根据嘉兴市电动汽车发展规划，尖山新区远景年电动汽车的饱和规模如表 2-3 所示。

表 2-3　尖山新区远景年电动汽车的饱和规模

类型	饱和数目 / 辆
电动私家车	800
电动公交车	30

2.5.1　电动汽车的地块匹配

一、电动公交车

将电动汽车按电动公交车与电动私家车进行划分，对家用电动汽车与电动公交车在各地块的分布进行预测分析，精确把握各地块各区域的电动汽车充电曲线。

对于电动公交车，考虑到电动公交车的充电站址往往分布于其公交线路始末站，且公交经停路段往往都在主干道上，因此电动公交车的分布数量与区域主干道的密集程度呈正相关。各供电区块的电动公交车数量预测值计算方法如下：

$$n_a^{\text{bus}} = N^{\text{bus}} \frac{l_a^{\text{load}}}{l^{\text{load}}}$$

其中 N^{bus} 为新区规划的电动公交车总数，l_a^{load}、l^{load} 分别为供电区域 a 的主干道里程数与整个新区的主干道里程数。在分析得到各供电区域的电动公交车配置后，我们通过利用典型电动公交车充电曲线，还可得到各供电区域电动公交车的充电负荷。

图 2-22 给出了尖山新区远景年交通路网规划，我们据此对尖山新区各网格远景年电动公交车规模进行预测，结果如表 2-4 所示。

图 2-22　尖山新区远景年交通路网规划

表 2-4　尖山新区远景年电动公交车规模预测

网格编号	总道路长度 /m	比重	电动公交车台数
HN-JS-JN01	32032.47	0.21	6
HN-JS-JN02	23432.83	0.15	5
HN-JS-DJ01	41352.96	0.27	8
HN-JS-DJ02	57138.09	0.37	11

二、电动私家车

对于电动私家车，车主通常选择在小区车位安装充电桩接入市电的方法进行充电，充电位置相对固定，因此地块的性质和面积将对电动私家车的数量产生较大的影响。

考虑到小区充电还未完全推广，集中式充电站充电仍是一种重要的充电方式，因此地块与集中式充电站址的空间距离也将对电动私家车的分布产生影响。

因此，综合考虑地块性质、地块面积以及与充电站址的距离信息，我们采用综合打分法对各地块电动私家车的数量进行预测。计算方法如下：

$$n_a^{car} = N^{car} \frac{(\lambda_a L_a^{car} + \mu_a) \cdot S_a}{\sum_{i \in C}(\lambda_i L_i^{car} + \mu_i) \cdot S_i}$$

其中：L_a^{car} 为地块 a 与集中式充电站的距离，m；S_a 为地块 a 的面积，m²；λ_a、μ_a 为地块 a 的距离信息与地块性质占分权值；C 为整个新区地块构成的集合；L_i^{car} 为地块 i 与集中式充电站的距离，m；S_i 为地块 i 的面积，m²；λ_i、μ_i 为地块 i 的距离信息与地块性质所占的打分权值。

图 2-23 给出了尖山新区远景年电动私家车地块分布情况，可见，电动私家车主要分布于居住以及商业地块，在工业地块分布较少。由于尖山新区尚未形成远景年的集中式充电站建设方案，基于现有充电站布局，我们考虑集中式充电站周边地块的电动汽车数量相对较多。

图 2-23　尖山新区远景年电动私家车地块分布情况

2.5.2　充电负荷蒙特卡洛仿真

电动汽车充电站站址网格划分与站址定容计算过程如图 2-24 所示。首先基于控规，确定电动汽车充电站站址，可将规划片区按照电动汽车分布规律分成多个片区，若假设所有电动汽车充电模式、充电功率一致，则每个地块电动汽车的充电站站址满足距离均值优先的正态概率分布。电动汽车的起始充电时间服从正态概率分布，基于正态概率分布的特性，通过对每个地块进行蒙特卡洛抽样，得到每个地块在各个待选充电站安装节点的充电概率，进一步计算得到各个地块每个充电站安装节点的充电期望，将所有地块的充电期望进行叠加，得到每个充电站站址的总充电期望，可对各个待选充电站安装节点进行定容。

33

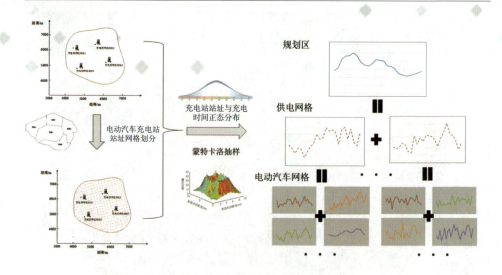

图 2-24　电动汽车充电站站址网格划分与站址定容计算过程

　　基于上一节结论，分析得到各地块的电动汽车配置后，本节通过对每辆电动汽车进行充电行为仿真，得到了各地块电动汽车的充电负荷。具体的仿真方法为蒙特卡洛法，采用蒙特卡洛法分别对各类车型的起始荷电状态（SOC）、起始充电时间进行抽样。做如下仿真假设：

　　电动公交车一天约行驶 150 km，每天充电一次，采用大功率充电，充电时间为 22：00—次日 05：30，按所有车辆在 22 点谷价起始时刻集中充电的极端情况考虑。电动公交车的起始充电时间服从正态分布 $N(22, 1.03^2)$，起始 SOC 服从正态分布 $N(0.4, 0.1^2)$。

　　电动私家车在工作日的出行主要集中在早晚高峰（07：00—09：00，17：00—19：00），充电时间主要为到达上班地点后至下班时间，及下班回家后至次日上班时间，即 08：00—17：00 和 18：00—次日 07：00。在节假日，电动私家车的充电时间主要是晚上 22：00—次日 07：00。电动私家车一般采用小功率充电，但在 10：00—20：00 偶尔会采用大功率充电。对于绝大多数家庭来说，每天充电 1 次即可满足日常需求，暂按所有车辆每天均充电 1 次考虑。在夜间时段，考虑峰谷电价对电动私家车用户充电行为的引导作用，按 70% 的用户在 22 点谷价起始时段集中充电的极端情况考虑，其充电起始时间服从正态分布 $N(22, 1.06^2)$，另外 30% 的用户起始充电时间服从正态分布 $N(20.8, 1.06^2)$。

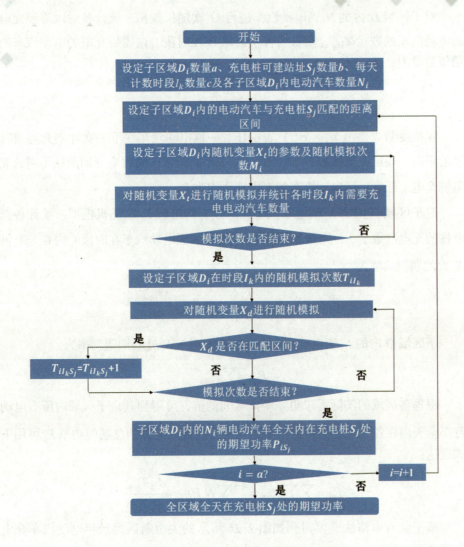

图 2-25　电动汽车充电行为的蒙特卡洛模拟

蒙特卡洛法的仿真步骤如下：

设区域 D 内包含 a 个子区域 D_i，$i \in [1, a]$，b 个充电桩可建站址 S_j，$j \in [1, b]$。每个子区域内电动汽车的数量为 N_i。每天可以分为 c 个计数时段 I_k，$k \in [1, c]$。设每辆电动汽车每天充且仅充一次电，随机变量 $X_t \sim (\mu_{tNi}, \sigma_{tNi}^2)$ 反映的是各子区域的电动汽车在一天中充电时刻的分布情况。

35

对子区域 D_i 内的 N_i 辆电动汽车进行 M_i 次随机模拟,统计各时段需要充电的电动汽车的数量 $\boldsymbol{M_{il_k}}$,则认为各子区域 D_i 在时段 I_k 内需要充电的电动汽车的期望数量为:

$$N_{ilk} = \frac{M_{ilk}}{M_i} N_i$$

随机变量 $X_d \sim (\mu_d, \sigma_d^2)$ 表示任意一辆电动汽车在下一次计划充电前行驶的距离。规定在子区域 D_i 内,当 X 位于不同距离区间时应分别前往不同的充电桩充电。任意一辆电动汽车的充电功率均为 P_{charge}。

对子区域 D_i 内的 N_i 辆电动汽车在时段 I_k 内进行 T_{il_k} 次随机模拟,统计各充电桩的充电次数 $T_{il_k s_j}$,则认为子区域 D_i 内的 N_i 辆电动汽车在时段 I_k 内在充电桩 S_j 处的期望功率为:

$$P_{iSjlk} = N_{ilk} P_{\text{charge}} \frac{T_{ilkSj}}{T_{ilk}} = N_i P_{\text{charge}} \frac{M_{ilk} T_{ilkSi}}{M_i T_{ilk}}$$

子区域 D_i 内的 N_i 辆电动汽车全天内在充电桩 S_j 处的期望功率为:

$$P_{iSj} = \sum_{k=1} P_{iSilk}$$

根据各区域的实际需求更新距离区间的值,可得到其余子区域内所有电动汽车全天内在各充电桩的期望功率,则全天内各充电桩的总期望功率 P_{Sj} 可用下式表达:

$$P_{Sj} = \sum_{i=1}^{a} \sum_{k=1}^{c} P_{iSilk} = \sum_{i=1}^{a} \sum_{k=1}^{c} N_i P_{\text{charge}} \frac{M_{ilk} T_{ilkSj}}{M_i T_{ilk}}$$

基于蒙特卡洛法,可得到如图 2-26 所示的尖山新区远景年电动汽车充电负荷预测结果。

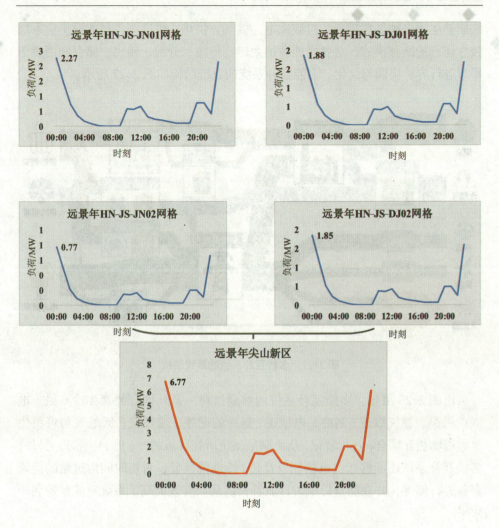

图 2-26　尖山新区远景年电动汽车充电负荷预测结果

2.6　尖山新区其他能源对电负荷的影响

　　能源危机、环境污染催生了人们对可持续、清洁、高效的能源系统的迫切需求，如何在确保能源可持续供应的同时减少使用能源过程中产生的环境污染，是当今社会共同关注的问题，而考虑多种能源耦合、旨在提高能源利用效率和充分利用可再生能源的多能互补系统已成为应对上述问题的关键。多能互补系统能够运用多种能源耦合，打破供电、供气、供热、供冷等各种能源供应系统独立运行的既有模式，对各类能源的生产、传输、分配、转化、储存和消费等环节进行有机协调与优化。多能互补系统的系统结构如图 2-27 所示。

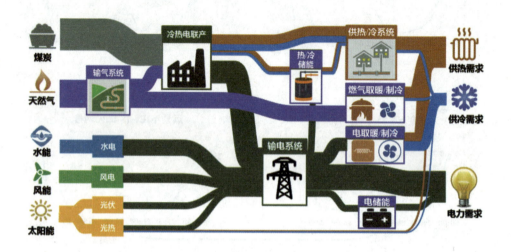

图 2-27　多能互补系统的系统结构

由图 2-27 可知，多能互补系统能够通过对一系列耦合装置如冷－热－电联产机组、燃气取暖／制冷、电取暖／制冷的配置，使煤炭、天然气与可再生电力资源相互耦合、互相转化，从而满足系统所在区域的冷、热、电需求。另外，多能互补系统还能够通过电储能以及热／冷储能装置，对短时间内过量的能量资源进行储存，并在能量短缺时释放补偿，从而有效提高了系统对能量的利用水平。

多能互补系统通过多能流潮流计算，能确定电能、天然气、热能各个子系统的能量流分布。开展多能流潮流计算是探究多能互补特性、协同规划、能量优化调度和协同管理等的重要前提。系统结构包括电、气、热能源输入 P_e、P_g、P_h，电、热、冷能源输出 L_e、L_g、L_h 以及下列转化矩阵中的各种能源转化环节。

$$\begin{bmatrix} L_e \\ L_g \\ L_h \end{bmatrix} = \begin{bmatrix} C_{ee} & C_{ge} & C_{he} \\ C_{eh} & C_{gh} & C_{hh} \\ C_{ec} & C_{gc} & C_{hc} \end{bmatrix} \begin{bmatrix} P_e \\ P_g \\ P_h \end{bmatrix}$$

多能互补系统多能流潮流计算模型包括电力系统、天然气系统、热力系统和耦合环节 4 个部分的模型，而每个部分的模型通常又包含不同的类型。因此，根据不同的需求，多能流潮流计算模型可以表示成不同的形式，如仅考虑电力系统与天然气系统联合运行的简化的多能互补系统稳态模型以及综合考虑电力系统、天然气系统和热力系统的联合运行的详细的多能互补系统稳态模型。

对于耦合环节，现有的耦合方式主要以气－电，热－电，气－电/热为主，主要为燃气发电机和热电联产机组（CHP）。随着多能耦合技术的不断提高，能量耦合方式逐步拓宽到电－气、气－冷、电－热等形式，耦合设备包括电转气装置（P2G）、溴化锂制冷机以及热泵、电锅炉等电转热装置（P2H）。

①燃气发电机。燃气发电机消耗天然气而发出电功率，与燃煤发电机相比，具有热效率高、成本低、可靠性高和对环境影响小等优点。其模型如下：

$$Q_{GG} = \alpha_{GG} + \beta_{GG} P_{GG} + \gamma_{GG} P_{GG}{}^2$$

$$\Gamma_{GG} = \frac{Q_{GG}}{L_{HV}}$$

其中：Q_{GG} 为燃气发电机消耗的热量，MJ；P_{GG} 为燃气发电机输出的电功率，MW；α_{GG}、β_{GG} 和 γ_{GG} 为能量转化效率系数；Γ_{GG} 为天然气的消耗量，m^3；L_{HV} 为天然气的低热值，$MJ \cdot m^{-3}$。

②热电联产机组。热电联产机组通过消耗天然气来同时产热和产电，有定热电比和变热电比 2 种类型，具体模型如下：

$$c_m = \Phi_{CHP}^{c_m} / P_{CHP}^{c_m}$$

$$c_z = \Phi_{CHP}^{c_z} / (\eta_e F_{in} - P_{CHP}^{c_z})$$

其中：c_m 和 c_z 分别为定热电比和变热电比；$\Phi_{CHP}^{c_m}$ 和 $P_{CHP}^{c_m}$ 分别为定热电比 CHP 机组的输出热功率和电功率，MW；c_z、$\Phi_{CHP}^{c_m}$ 和 $P_{CHP}^{c_m}$ 分别为变热电比 CHP 机组的输出热功率和电功率，MW；η_e 是变热电比 CHP 机组的效率系数；F_{in} 为天然气输入流量，m^3。

③电转气设备。电转气装置技术利用电能产生天然气，加强了电力系统与天然气系统之间的耦合作用。电转气装置分为电转氢气和电转甲烷，由于天然气管道中注入氢气所占比例存在一定的限制，而注入甲烷不受该限制，故在这里考虑的是电转甲烷。电转气装置消耗电功率和天然气（甲烷）产量的关系如下：

$$F_{P2G} = P_{P2G} \frac{\mu_{P2G}}{L_{HV}}$$

其中：F_{P2G} 为电转气装置所产生的天然气流量，m^3；P_{P2G} 为电转气装置消耗的电功率，MW；μ_{P2G} 是电转气装置的转化效率；L_{HV} 为天然气的低热值，$MJ \cdot m^{-3}$。

④溴化锂制冷机。溴化锂制冷机即溴化锂吸收式制冷机。溴化锂制冷机可以将燃气发电机产生的热量转化为制冷量。其单位时间制冷量与加热源热量的关系如下：

$$\varphi_{IBAC} = H_{IBAC} C_{IBAC}$$

其中：φ_{IBAC} 是制冷量，kW；H_{IBAC} 为加热源热量，kW；C_{IBAC} 为制冷机的制冷系数。

⑤热泵和电锅炉。热泵和电锅炉都是将电能转化为热能的元件，即电转热元件。热泵是一种将低位热源的热能转移到高位热源的装置。电锅炉则直接将电能转化为热能。二者的电热转化效率分别如下式所示：

$$\eta_{HP} = \frac{\phi_{HP}}{P_{HP}}$$

$$\eta_{EB} = \frac{\phi_{EB}}{P_{EB}}$$

其中：η_{HP} 为热泵的电热转化效率；ϕ_{HP} 和 P_{HP} 分别为热泵产生的热功率和消耗的电功率，MW；η_{EB} 为电锅炉的电热转化效率；ϕ_{EB} 和 P_{EB} 分别为电锅炉产生的热功率和消耗的电功率，MW。

考虑到浙江省能源发展的现实因素以及尖山新区的现有其他能源布局规划，现阶段及未来尖山新区其他能源与电力的耦合方式主要存在于电－热耦合层面，因此本节将主要阐述尖山新区供冷、供热系统对电负荷需求的影响。

随着尖山新区新热电厂的建设和原有热电厂的供热范围扩大，工业、商业地块在制冷方式上有了更多的选择。溴化锂制冷机是目前世界上常用的吸收式制冷机种之一，表2-5给出了它的常用机组参数。溴化锂制冷机组通过循环利用外来热源实现制冷，其大规模制冷成本较低，可用于替代现有的大型工商业用中央空调系统。通过调研发现，溴化锂制冷机组未来在海宁尖山地区推广的市场需求较大，将对电负荷产生明显影响。

表 2-5 溴化锂制冷机机组参数

机型	型号	制冷量 /kW	蒸汽耗量 / (t·h⁻¹)	厂家
溴化锂制冷机组	1150	1160	1.55	开利

典型的中央空调系统制冷量与耗电量的关系可以用空调能效比衡量，其计算公式为：

$$C_{cop} = \frac{E_c}{P_c}$$

其中：C_{cop} 为空调能效比；E_c 为制冷量，kW；P_c 为电功率，kW。单台溴化锂制冷机减少的耗电量可由下式计算得到：

$$P_{rep} = \frac{E^{Br\text{-}Li}}{C_{cop}}$$

其中：$E^{Br\text{-}Li}$ 为单台溴化锂制冷机的制冷量，kW，P_{rep} 为可替代电功率，kW。

未来尖山新区的热电需求主要由恒逸热电厂负责提供，尖山新区未来的热负荷预测值将达到 284 t/h，而恒逸热电厂的装机容量将达到 419.1 t/h。除供应热负荷外，恒逸热电厂的其余容量有供溴化锂制冷机制冷的潜力，溴化锂制冷机组可规划建设台数为：

$$N^{Br\text{-}Li} = \frac{E_T - E_h}{P_{rep}}$$

其中：E_T 为热电厂生产蒸汽量，kW；E_h 为热电厂用于保障生产供热的蒸汽量；P_{rep} 为可替代耗电量，kW。

各地块溴化锂制冷机组的配置与其地块性质、地块面积和与热电厂的距离相关，评估各地块性质和与热电厂距离对溴化锂制冷机组数量配置的协同影响时，采用的计算方法如下：

$$n_a^{Br\text{-}Li} = N^{Br\text{-}Li} \frac{(\alpha_a L_a^{Br\text{-}Li} + \beta_a^{Br\text{-}Li}) \cdot S_a}{\sum_{i \in A}(\alpha_i L_i + \beta_i) \cdot S_i}$$

其中：$L_a^{Br\text{-}Li}$ 为地块 a 与热电厂的距离，m；S_a 为地块的面积，m²；α_a、β_a 为地块 a 的距离信息与地块性质所占的打分权值；A 为整个新区地块构成的集合；L_i 为地块 i 与热电厂的距离，m；S_i 为地块 i 的面积，m²；α_i、β_i 为地块 i

的距离信息与地块性质所占的打分权值。在分析得到各地块的制冷机组配置后，研究人员应用典型工商业用户冷负荷需求曲线，进一步得到了采用溴化锂制冷机组后各地块空调负荷的减少量。

图 2-28 给出了按照综合打分法和调研得到的溴化锂制冷机组地块分布结果。从图中可以看出，溴化锂制冷机组在靠近热电厂区域按照商业和居民地块集中分布。

图 2-28　尖山新区溴化锂制冷机组地块分布结果

基于溴化锂制冷机组地块分布结果，综合制冷负荷的分时段特性，可得到如图 2-29 所示的尖山新区远景年溴化锂制冷机组替代制冷负荷预测结果。

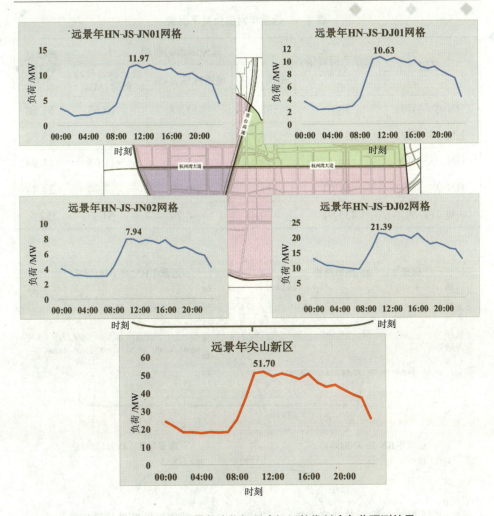

图 2-29　尖山新区远景年溴化锂制冷机组替代制冷负荷预测结果

2.7　考虑多元因素的尖山新区负荷预测结果

综合考虑光伏渗透、电动汽车充电、溴化锂制冷机组替代等因素在不同时段对负荷预测结果的影响，表 2-6 给出了远景年各网格网供负荷峰值的量化叠加和削减效果。图 2-30 给出了尖山新区各区域网供负荷的预测日曲线。

表 2-6　远景年网供负荷平衡表

区域	常规负荷峰值 / MW	其他因素的影响			网供负荷峰值 / MW
		光伏 /MW	电动汽车 /MW	溴化锂替代冷负荷 /MW	
HN-JS-DJ01	78.6	−88.46	+1.88	−10.63	51.58
HN-JS-DJ02	230.16	−286.72	+1.85	−21.39	128.82
HN-JS-JN01	64.13	−33.16	+2.27	−11.97	45.94
HN-JS-JN02	61.01	−71.14	+0.77	−7.94	34.45
尖山新区	433.91	−479.48	+6.77	−51.7	252.5

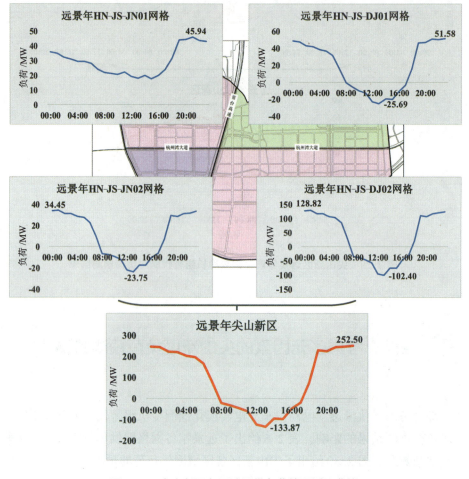

图 2-30　尖山新区各区域网供负荷的预测日曲线

从图 2-30 中可以看出，在能源互联网多元因素影响下，尖山新区网供负荷峰值由 433.91 MW 下降至 252.5 MW，峰荷时间由下午 15：00 左右移至夜间。图 2-31 和图 2-32 给出了能源互联网多元因素影响前后的远景地块负荷密度分布情况。由此可见，大多数地块网供负荷密度下降显著。

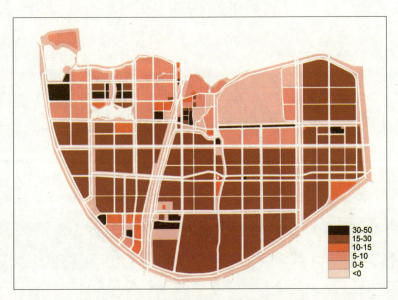

图 2-31　远景年空间负荷密度预测结果

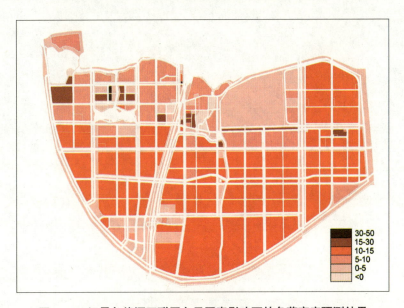

图 2-32　远景年能源互联网多元因素影响下的负荷密度预测结果

第3章

多元不确定场景下的能源互联网
示范区多网协同规划

3.1　概　述

广义上的能源互联网规划包含对电力、天然气、热等多种能源系统的规划。由于规模庞大，元件众多，将其作为整体进行统一的优化规划难度过大。为了减小规划难度，提升规划模型的准确性和可行性，可将能源互联网按照能源的生产环节（电源侧）、能源的存储环节（储能侧）、能源的消费环节（负荷侧）、能源的耦合环节（其他能源侧）进行划分。其中，能源互联网的能源生产环节主要包括各种能源生产单元（燃煤发电机组、水电机组、风电机组、光伏发电机组、天然气井等），能源存储环节主要为能源存储设备（电池、储气罐、储热管道等）、能源的消费环节包括电气化交通系统（电动汽车充电设施）、大量终端用户（部分负荷是柔性可调负荷），能源的耦合环节包括能源转换设备包括燃气轮机，电转气（P2G）设备等。

能源互联网的规划具体来说就是，已知规划对象的物理特性和相应的约束条件，选定合适的数学模型描述规划对象的物理特性，求解满足各项指标要求的合适的规划方案。因而明确基础约束条件和建立描述设备运行特性、耦合能量流的数学模型是能源互联网规划建模的基础。规划模型的基础约束条件是用户的电、气、热多种能源的负荷需求。能源互联网的规划所涉及的数学模型主要是多能流的耦合、转化模型和多能流系统的潮流模型。多能流的耦合、转化模型通常采用瑞士苏黎世联邦理工学院提出的能量枢纽模型；适用于规划的多能流潮流模型通常采用稳态潮流模型，即满足基尔霍夫定律并遵循相应物理特性的代数方程。

本章将综合分析能源互联网环境下冷、热、电多种能源的不确定性对配网规划带来的影响，通过多状态场景化的方法对不确定性进行具体描述，将实际耦合元件（燃气机组、电转气装置、溴化锂制冷机）转化为端口能量耦合模型，进行基于负荷曲线的电力平衡分析，得到各类典型场景下电 - 热、电 - 气能源互联网规划边界条件。在每一个典型场景下，我们都运用基于经济性最优的能源互联网两阶段规划方法，综合考虑初次规划成本以及为适应场景变化而进行的再次规划成本，进行能源互联网规划，以提升能源互联网规划方案对环境不断变化的适应性，并避免在未来不同综合能源互联互动场景下规划方案频繁调整造成的经济损失。本章节思路的总体框图如图 3-1 所示。

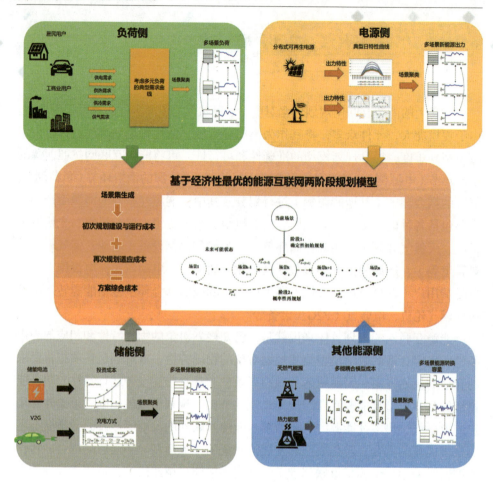

图 3-1 采用两阶段能源互联网规划方法总体框图

本章的核心是运用基于经济性最优的能源互联网两阶段规划模型，得到规划建设成本与多元不确定场景下适应成本最低的能源互联网规划结果，具体包括：电网侧电力配电网网架规划结果、分布式可再生电源、储能电站、电动汽车充电站址的定容方案；热网侧溴化锂制冷机组规划建议；气网侧天然气管道、燃气机组、电转气装置规划建议。

3.2　相关理论依据

两阶段能源互联网规划模型可以采用智能算法进行求解。粒子群算法，也称粒子群优化算法或鸟群觅食算法（Particle Swarm Optimization），缩写为PSO，是近年来由肯尼迪（J. Kennedy）和艾伯哈特（R. C. Eberhart）等开发的一种新的进化算法。PSO 算法和模拟退火算法相似，它也从随机解出发，通过迭代寻找最优解，也通过适应度来评价解的品质，但它比遗传算法规则更简单，没有遗传算法的"交叉"（Crossover）和"变异"（Mutation）操作，它通过追随当前搜索到的最优值来寻找全局最优。这种算法以其实现容易、精度高、收敛快等优点引起了学术界的重视，并且在解决实际问题中展示了其优越性。粒子群算法计算流程如图 3-2 所示，计算步骤如下：

①初始化 D 维空间中规模为 N 的粒子群，每个粒子的速度 v_i 和位置 x_i，分别表示如下：

$$x_i = (x_{i1},\ x_{i2}, \cdots,\ x_{id},\ x_{iD})$$
$$v_i = (v_{i1},\ v_{i2}, \cdots,\ v_{id},\ v_{iD})$$

式中，$i \in [1,\ N]$，$d \in [1,\ D]$，下同。

②计算每个粒子的适应度值 $F_{fit}(i)$。

③第 i 个粒子迄今为止搜索到的最优位置为个体极值，记为

$$p_{best}(i) = (p_{i1},\ p_{i2}, \cdots,\ p_{id}, \cdots,\ p_{iD})$$

对每个粒子，用它的适应度值 $F_{fit}(i)$ 和个体极值 $p_{best}(i)$ 比较，如果 $F_{fit}(i) > p_{best}(i)$，则用 $F_{fit}(i)$ 替换掉 $p_{best}(i)$。

④整个粒子群迄今为止搜索到的最优位场为全局极值，记为

$$g_{best} = (p_{g1},\ p_{g2}, \cdots,\ p_{gd}, \cdots,\ p_{gD})$$

对每个粒子，用它的适应度值 $F_{fit}(i)$ 和全局极值 g_{best} 比较，如果 $F_{fit}(i) > g_{best}$，则用 $F_{fit}(i)$ 替换掉 g_{best}。

⑤根据以下两式更新粒子的速度 v_i 和位置 x_i。

$$v_{id}^{k+1} = w v_{id}^{k} + c_1 r_1 (p_{id}^{k} - x_{id}^{k}) + c_2 r_2 (p_{gd}^{k} - x_{id}^{k})$$
$$x_{id}^{k+1} = x_{id}^{k} + v_{id}^{k+1}$$

式中，$v_{id} \in [-v_{max}, v_{max}]$，$v_{max}$ 为用户设定的常数；c_1，c_2 为学习因子；r_1，r_2 为 $[0, 1]$ 范围内的两个均匀随机数；w 为惯性权重；k 表示第 k 次迭代。

⑥如果满足结束条件则退出循环，否则返回②。

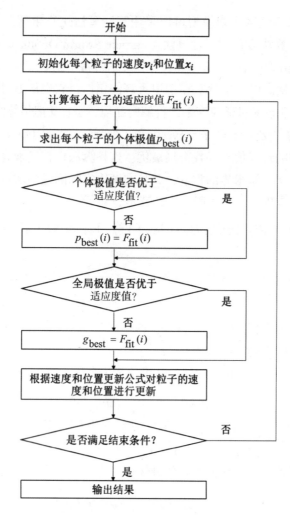

图 3-2 粒子群算法计算流程

3.3　能源互联网两阶段规划模型

3.3.1　不确定性场景的获得

本节基于第二章中得到的风、光出力在各个季节各类天气条件下的聚类场景，得到了电、气负荷以及风、光场景的幅值与概率（图 3-3）。由此我们可以基于风和光场景的幅值和特性以及风机、光伏电站的相关参数来计算分布式可再生能源的功率输出。

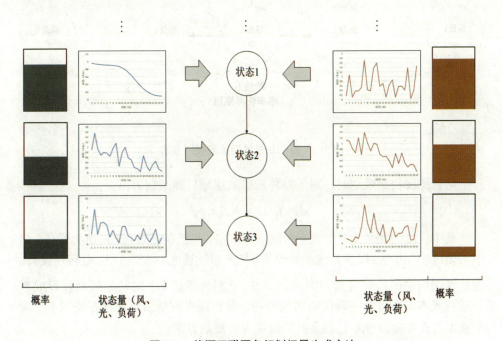

图 3-3　能源互联网各规划场景生成方法

3.3.2 两阶段能源互联网规划算法

两阶段规划方法如图 3-4 所示，包括第一阶段的确定性初始规划以及第二阶段的概率性再规划。

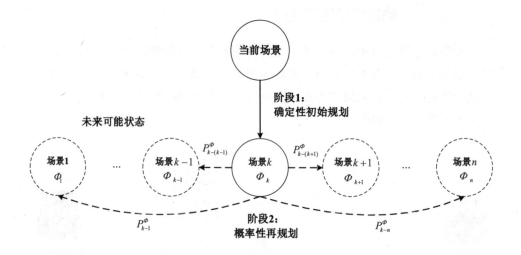

图 3-4 基于场景的两阶段规划方法

第一阶段初始规划时，对于每种场景的规划目标函数为：

$$\text{Min} f_k(\Omega_k) = \Upsilon_k + \Psi_k$$

其中，Ω_k 为场景 k 下能源互联网规划方案，包括在场景 k 下的电力设备（如电力馈线、风机等）以及其他能源设备（如天然气管道、燃气机组、电转气设备、溴化锂机组）的安装规划方案。Υ_k、Ψ_k 分别为场景 k 下的初始规划建设成本与运行成本。通过第一阶段的初始规划，我们能得到能源互联网在场景 k 下运行成本与投资建设成本总和最低的最优安装规划方案。

第二阶段的概率性再规划可以视为初始规划方案的延伸，即分析每种场景下的初始规划结果对其他可能场景的适应情况并重新规划。再规划目标函数可以表示为：

$$\text{Min} f_{k-m}(\Omega_k^{\text{best}}) = \Upsilon_{k-m} + \Psi_{k-m}$$

其中：Ω_k^{best} 为场景 k 下的最优初始规划方案；Υ_{k-m}、Ψ_{k-m} 分别为场景 k 的最优规划方案在场景 m 下额外增加的投资成本与场景 k 的最优规划方案在场景 m 下的运行成本。其中，额外增加的投资成本是指基于场景 k 最优规划方案为满足在场景 m 下能源互联网正常运行而额外增加的设备建设成本，运行成本是指基于场景 k 最优规划方案为满足能源互联网在场景 m 下运行的成本。初始规划成本和再规划成本的总和是两阶段能源互联网规划模型的最终目标函数，其表达式如下：

$$\text{Min } F_k = f_{k-m}(\Omega_k^{\text{best}}) + f_k(\Omega_k^{\text{best}})$$

F_k 可视为场景 k 最终的总体规划成本。各阶段的约束条件主要包括以下 3 个。

①电力网络节点功率平衡约束：

$$H \cdot F_{\text{power}} + W \cdot G_{\text{power}} - L \cdot WL_{\text{power}} = 0$$

②其他能源网络约束（以天然气网络节点气流平衡约束为例）：

$$A \cdot F_{\text{gas}} + C \cdot G_{\text{gas}} - D \cdot WL_{\text{gas}} = 0$$

其中，H，W，L 为天然气管道节点、天然气源和天然气负荷的关联矩阵。A，C，D 为电力网络节点、发电机和负荷的关联矩阵。

③能源互联网多能耦合约束（以气－电耦合约束为例）：

$$WL_{\text{power}} = \Gamma_{\text{p-g}} \cdot G_{\text{gas}}$$

$$WL_{\text{gas}} = \Gamma_{\text{g-p}} \cdot G_{\text{power}}$$

其中 $\Gamma_{\text{p-g}}$，$\Gamma_{\text{g-p}}$ 分别为气－电，电－气能流耦合矩阵。

此外，各阶段的约束条件还包括节点电压约束、节点气压约束、各设备节点安装容量约束、网络连通性约束等。对于每个场景，基于上述目标函数，利用两层粒子群算法开展优化，可以获得初始规划成本与再规划成本最优的规划方案。两阶段能源互联网规划计算流程如图 3-5 所示。

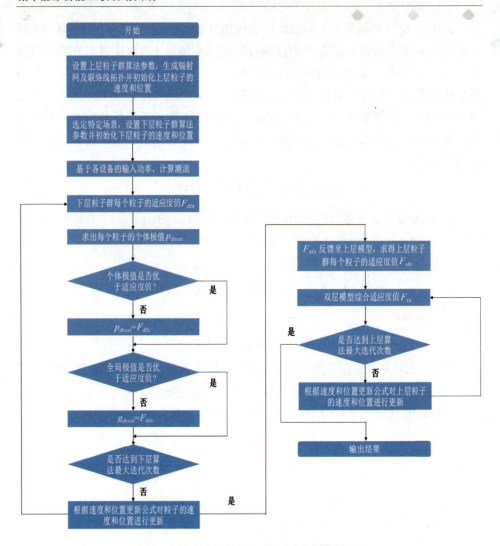

图 3-5　两阶段能源互联网规划计算流程

两阶段能源互联网规划目标函数最优解的具体计算步骤如下：

①输入原始数据，设置上层粒子群算法参数，利用生成树原理产生辐射网，并在满足联络线位置约束的前提下随机生成电力网络与其他能源联络线拓扑，从而产生上层第一代粒子群体，接下来开始下层优化。

②根据多场景聚合的结果，选择某一特定场景，设置下层算法参数，按整数编码规则对表示各类设施位置和容量的粒子进行编码，在各类设施安装容量限制的前提下，随机生成下层初始群体。

③根据多场景聚合的结果，基于某特定场景下各设备的输入功率对粒子群体进行潮流计算，从而计算得到粒子群体在第一阶段的目标函数值。

④更新下层粒子的个体极值和全局极值，并判断是否达到下层算法最大迭代次数，若未达到，则更新下层粒子位置和速度，跳转至步骤③；否则将该场景下第一阶段的最优解反馈至上层算法，在上述优化模型中得到第二阶段再规划过程的适应成本，通过各场景概率计算得到第二阶段目标函数值。与第一阶段目标函数值相加，得到该粒子在两阶段规划模型下的综合适应度，即上层算法目标函数值。

⑤判断是否达到上层算法最大迭代次数，若未达到，则更新上层粒子位置和速度，跳转至步骤②；否则输出两阶段规划目标函数最优解以及线路、联络线、各设备安装情况。

3.4　案例分析

图 3-6 为某规划区典型 10 kV 配电网可规划线路布局图，该区域有 13 条可待建 10 kV 线路，1 个 110 kV 变电站接入点和 7 个负荷点，负荷功率因数为 0.95。可行区域内不存在线路交叉情况，图中数字表示节点编号，节点 1 为高压主网接入点，黑色虚线表示可以架设的路径；节点 4，7 区域地块作为生态绿地，该区域地势相对平坦、障碍物少，适合安装风力发电机设定，因此作为风力发电机的待选安装节点；节点 6，9 区域将作为二类工业用地，光伏组件以屋顶光伏的形式接入负荷节点，因此作为光伏阵列待选节点；储能电站待选节点为节点 2，10；电动汽车充电站址的待安装节点为节点 1，5，8。

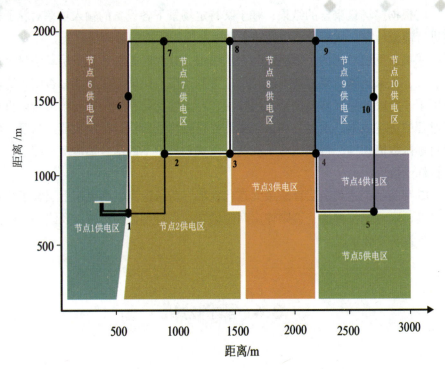

图 3-6　某规划区典型 10 kV 配电网可规划线路布局图

基于第二章的负荷预测方法，可得到各负荷节点典型负荷参数，如表 3-1 至表 3-3 所示。

表 3-1　各电力负荷节点预测典型日负荷曲线

节点编号	负荷幅值 /kW	日负荷变化
2	50	
3	100	
4	150	
5	150	

续表

节点编号	负荷幅值 /kW	日负荷变化
6	50	
7	200	
8	100	
9	200	
10	100	

表 3-2　各类电力设施可选建设节点

电力设施	可选建设节点编号
风电机组	4，5，6，7
光伏电站	6，7，8，9
储能电站	2，10
电动汽车充电桩	1，5，8

表 3-3　可规划支路情况

待规划支路	支路里程 /km	最大可建设线路数 / 条
1—2	0.6	3
1—6	0.8	3
2—3	0.4	3
2—7	0.8	3
3—4	0.8	3
3—8	0.8	3
4—5	0.7	3
4—9	0.8	3
5—10	0.8	3

待规划支路	支路里程 /km	最大可建设线路数 / 条
6—7	0.5	3
7—8	0.6	3
8—9	0.8	3
9—10	0.7	3

输电线路所采用导线的型号为 XLPE-240，其电阻为 0.076 $\Omega \cdot km^{-1}$，电抗为 0.069 $\Omega \cdot km^{-1}$，输电容量约束为 100 kW，长度造价为 200 万元 $\cdot km^{-1}$。

风力发电机型号为丹麦 Bonus 50 kW 风力发电机，额定功率为 50 kW，在一个节点可安装风机的上限为 3 台。光伏阵列型号为英利公司的 YL280C-30b 型，单阵列额定功率为 100 kW，在一个节点可安装光伏阵列的上限为 3 台。对于储能电站，采用固定充放电功率，每台容量为 100 kW $\cdot$ h，充放电最大速率为 30 kW，最大安装数量为每节点 2 台，充电桩每台功率为 10 kW，最大安装数量为每节点 10 台。

对于负荷、风机以及光伏的出力情况，根据场景聚合方法得到场景聚合后的电力需求场景集合，待规划区域不确定场景集合及概率如表 3-4 所示。

表 3-4　待规划区域不确定场景集合及概率

场景类型	概率	负荷	风	光伏
场景 1（夏晴）	0.05			
场景 2（夏雨）	0.1			
场景 3（夏阴）	0.09			
场景 4（冬晴）	0.08			

场景类型	概率	负荷	风	光伏
场景 5（冬雨）	0.15			
场景 6（冬阴）	0.2			
场景 7（春晴）	0.1			
场景 8（春雨）	0.08			
场景 9（秋晴）	0.1			
场景 10（秋雨）	0.05			

对于电动汽车充电站的布局定容，采用第 2.5 节用到的方法，基于蒙特卡洛方法对各待选节点充电站进行充电峰值需求分析，得到的分析结果如表 3-5所示。

表 3-5　电力设施运行成本表

充电桩位置	充电需求 /kW
节点 1	24
节点 5	28
节点 8	72

各类电力规划设施的单位运行成本与单位建设安装成本分别如表 3-6 和表 3-7 所示。

表 3-6　电力设施单位运行成本表

电源类型	运行费用 / (元 · kW^{-1})
火电	30
光伏	5
风电	10
储能	14

表 3-7　电力设施单位建设安装成本表

电源类型	建设投资费用 / (万元 · 台$^{-1}$)
光伏阵列	100
风电机组	200
储能装置	300

3.4.1　天然气网络与电力网络协同规划方案

一、规划方案简介

海宁市某规划区天然气管道可行网络布局图如图 3-7 所示，可行区域内不存在线路交叉情况。图中数字表示节点编号，节点 1 为高压天然气接入点，黑色虚线表示可以架设管道的路径，每条管道的输气容量约束为 100 m^3，投资成本为 300 万元 /km。设定天然气节点 2，7，6，9 作为电力网络与天然气网络的耦合节点，与电力网络节点 2，8，7，10 耦合。天然气节点 2，6 可建设燃气机组，最高安装 3 台，每台 40 kW，电气转化系数为 0.7；天然气节点 7，9 为电转气装置安装节点，最多安装 3 台，每台 40 kW，电气转化系数为 0.5。

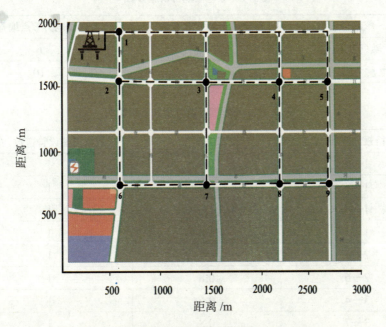

图 3-7　某规划区天然气管道可行网络布局图

各负荷节点天然气负荷参数、电－气耦合设施参数、天然气管道可规划支路情况、电转气设施建设投资费用分别如表 3-8 至表 3-11 所示。

表 3-8　各负荷节点天然气负荷参数

节点编号	气负荷参数 /kW
2	50
3	100
4	100
5	50
6	150
7	150
8	200
9	200

表 3-9　电 - 气耦合设施参数

电 - 气耦合设施	可建设天然气节点编号	可建设电力节点编号
燃气机组	2，6	1，6
电转气设施	5，9	5，10

表 3-10　天然气管道可规划支路情况

待规划支路	支路里程 /km	最大可建设管道数 / 条
1—2	0.3	1
1—3	0.8	1
1—4	1.5	1
1—5	1.8	1
2—3	0.7	1
2—6	0.8	1
3—4	0.6	1
3—7	0.8	1
4—5	0.5	1
4—8	0.8	1
5—9	0.8	1
6—7	0.8	1
7—8	0.6	1
8—9	0.5	1

表 3-11　电转气设施建设投资费用

电源类型	投资费用成本 /（万元·台$^{-1}$）
燃气机组	300
电转气设施	500

　　电 - 气的耦合情况与电价气价的变化是相互联动的。气价较高时，更多的气负荷需求可通过电来满足；气价较低时，更多的电负荷需求可以通过气来满足。本节针对电价与天然气价格的不确定性建立价格的不确定性场景，如表 3-12 所示。

表 3-12　电 - 气价格的不确定性场景

价格场景	比值 $\delta = \dfrac{p_{天然气}}{p_电}$	概率
场景 1	0.5	0.1
场景 2	0.75	0.3
场景 3	1	0.2
场景 4	1.5	0.3
场景 5	2	0.1

二、规划结果

（一）电力网络规划结果

通过前述两阶段能源互联网规划模型，基于 PSO 算法，得到电 - 气协同规划下的 10 kV 电力网络线路规划结果，如图 3-8 所示。

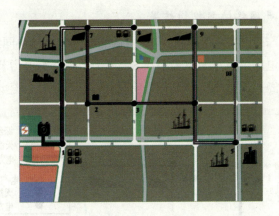

图 3-8　电 - 气协同规划下的 10 kV 电力网络线路规划结果

（二）天然气网络规划结果

通过前述两阶段能源互联网规划模型，基于 PSO 算法，得到电 - 气协同规划下的天然气管道网络规划结果，如图 3-9 所示。

图 3-9　电－气协同规划下的天然气管道网络规划结果

（三）电－气网络协同规划结果

基于图 3-8 与图 3-9，得到图 3-10 所示的电－气网络协同综合规划结果。可见，规划区的电力节点 1 至电力节点 8，电力节点 9 至电力节点 10 的电力馈线与天然气管道经过的重叠，该路径适宜采用综合管廊进行建设。

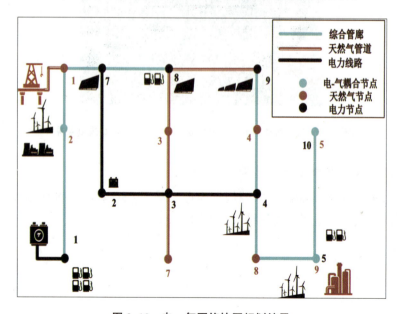

图 3-10　电－气网络协同规划结果

（四）各类设施配置结果

优化得到的风机、光伏电站、储能电站、充电桩等电力设施以及燃气机组、电转气设备等天然气设施布局如表 3-13 所示。

表 3-13　电－气网络各类设施布局结果

电力网络		
设施类型	配置节点编号	建设数量
风机	4	2 台
风机	5	2 台
风机	6	1 台
风机	7	0 台
光伏电站	6	1 座
光伏电站	7	2 座
光伏电站	8	2 座
光伏电站	9	3 座
储能电站	2	2 座
储能电站	10	0 座
充电桩	1	24 个
充电桩	5	28 个
充电桩	8	72 个
燃气机组	1	0 个
燃气机组	6	2 个
电转气设备	5	1 台
电转气设备	10	0 台
天然气网络		
设施类型	配置节点编号	建设数量
燃气机组	2	2 台
燃气机组	6	0 台
电转气设备	5	0 台
电转气设备	9	1 台

最优方案综合总成本为 7761.86 万元（包括建设成本与对其他场景的适应成本）。

两阶段规划的粒子群寻优过程如图 3-11 所示。

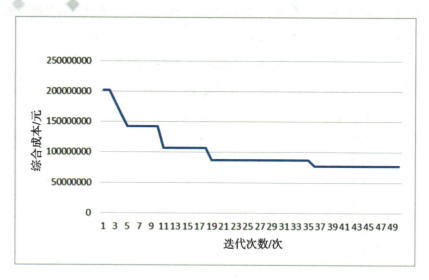

图 3-11　电－气网络协同规划的粒子群寻优过程

三、规划方案分析

从规划结果可以发现，电力网络整体呈辐射状配置，风机、光伏电站主要布局在负荷较大的节点上，从而降低了对电力馈线布置的需求；燃气机组布局在支路末端，降低了支路负荷对高压变电站的供电需求；电转气设备布局在风电场布局节点上，在风电场输出功率较大的时段，电转气设备能有效利用多余风电转化天然气，充分利用风电资源的同时，降低了规划区对上游管道天然气资源的需求。

天然气管道整体呈辐射状配置，燃气机组布局于距离天然气高压侧管道较近的耦合节点上，降低了燃气机组用气的传输损耗，提高了对天然气的利用效率；电转气设备配置在距离高压侧管道较远的耦合节点，减少远端高压侧管道输气损耗的同时，也降低了其附近气负荷的供气成本。

从协调规划的结果来看，采用协同规划后综合管廊分布较多，这表明规划地区的电－气耦合非常紧密。规划结果充分说明了能源互联网环境下天然气与电力资源耦合互补所带来的效率提升与成本效益，体现了规划区开展能源互联网协同规划的价值所在。

此外，从规划的结果来看，示范区光伏电站的投资建设成本与运行成本较低，适合大范围配置建设，然而光伏电站的发电功率往往随着日出日落时分呈现一定的规律性。在日落后，其他发电方式需要的供电量会快速上升，约在傍晚中间到达最高峰，网供负荷会呈现如图 3-12 所示的"鸭子曲线"的形态。

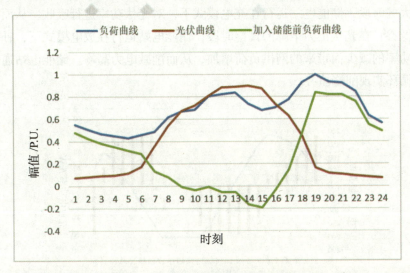

图 3-12　规划地区典型叠加负荷曲线

在引入节点 2 所规划的两台 100 kW·h 储能站以后，规划地区的叠加负荷曲线如图 3-13 所示，从中可以看出，规划的储能电站能在日照较强的低谷时分与日照减弱的尖峰时分起到有效削峰填谷的作用，叠加负荷曲线趋于平滑，有利于发电机组有效跟踪负荷变化，有效保障供电质量。

图 3-13　加入储能电站前后规划地区叠加负荷曲线

所规划的两台储能电站在日内叠加后的调度情况如图 3-14 所示，其中充放电功率为正则为放电状态，为负则为充电状态。从图中可以发现，在光伏出力较大的时段，储能电站运行在充电模式下，对光伏功率进行吸收，从而抬高电力低谷；在光伏出力下降的日落时段，储能电站运行在放电模式下，补偿因光伏功率的减少而带来的网供负荷增加，从而削减电力高峰。储能电站通过充放电循环实现削峰填谷。

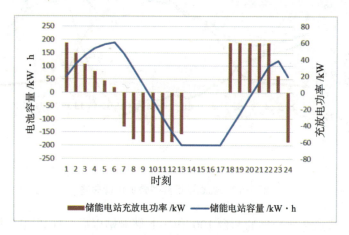

图 3-14　储能电站日内调度情况

3.4.2　考虑溴化锂机组影响的电力网络与热网络协同规划

一、规划分析

考虑到能源互联网示范区尚无燃气电厂建设计划，因此示范区现阶段多能耦合主要体现在电－热耦合层面，且主要电－热耦合的元件是示范区恒逸热电联产机组。为量化电－热耦合影响，做如下分析：

①考虑到热电厂一般为 110 kV 上网，因此所发电力对区域配电网规划并无影响；

②热电厂向示范区的集中式热力供应主要面向工业用户，能源替代主要对象为燃煤锅炉，对电空调制热负荷影响极小；

③在热电厂热力管道所及区域（15 km 半径）之内，通过在需求侧配建分布式溴化锂机组，可将电厂热力转化为冷气，对夏季电空调制冷负荷替代效应明显。经调研，示范区热电厂对拓展该形式多能服务兴趣浓厚，且当地商业和居民用户相关需求较为强烈。

　　因此,此处考虑溴化锂空调对电力需求的影响,进行电网-热力网协同规划,以期得到满足当地夏季制冷需求下,成本最低的能源网建设方案。

　　考虑到热损耗效应较大, 热蒸汽的供应成本与溴化锂制冷设备的安装位置具有直接关系, 热电厂的坐标如图 3-15 所示, 基于热电厂与节点的坐标距离, 可以得到热电厂对各电力节点的热供应成本, 如表 3-14 所示。

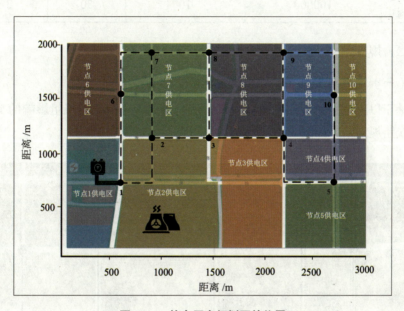

图 3-15　热电厂在规划区的位置

表 3-14　热电厂对各电力节点的热供应成本

节点	热供应成本 / (元 · kW⁻¹)
节点 1	15
节点 2	10
节点 3	10
节点 4	20
节点 5	30
节点 6	30
节点 7	45
节点 8	40
节点 9	45
节点 10	45

规划考虑的溴化锂机组相关参数如表 3-15 所示。

表 3-15　溴化锂机组相关参数

机组类型	投资费用成本/（元·台⁻¹）	运行成本/（元·kW⁻¹）	最大功率/kW	各节点建设最大台数/台
溴化锂制冷机	100000	10	30	3

二、规划结果

（一）电网规划结果

基于以上数据，运用两阶段规划方法，得到考虑溴化锂机组影响的 10 kV 电网线路规划结果如图 3-16 所示。

图 3-16　考虑溴化锂机组影响的 10 kV 线路规划结果

（二）各类设施配置结果

优化得到的风机、光伏电站、储能电站、充电桩等电力设施以及溴化锂制冷设备等热力设施布局如表 3-16 所示。

表 3-16　电－热网络各类设施配置结果

电力网络		
电源类型	配置节点编号	建设台数
风机	4	1 台
风机	5	1 台
风机	6	1 台
风机	7	0 台
光伏电站	6	1 座
光伏电站	7	2 座
光伏电站	8	2 座
光伏电站	9	3 座
储能电站	2	1 座
储能电站	10	0 座
充电桩	1	24 个
充电桩	5	28 个
充电桩	8	72 个
热网络		
溴化锂制冷设备配置节点		建设台数
节点 1		2 台
节点 2		3 台
节点 3		3 台
节点 4		3 台
节点 5		1 台
节点 6		1 台
节点 7		0 台
节点 8		1 台
节点 9		1 台
节点 10		0 台

（三）热网规划结果

热电管道布局采用辐射状点对点模式，基于溴化锂制冷设备的配置情况，并考虑到热网络的传输损耗相比电、气管道较大，在线路规划布局时一般遵循距离最近优先原则，因此基于规划区路网以及溴化锂与热电厂的最短路径，形成点对点的热管道建设方案，如图 3-17 所示。

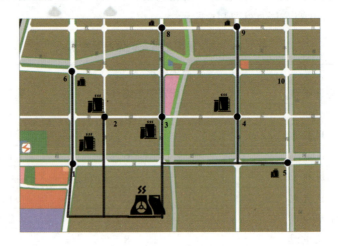

图 3-17　考虑溴化锂机组影响的热网线路规划结果

（四）电－热网络协同规划结果

基于图 3-16 与图 3-17，得到如图 3-18 所示的电－气管道综合规划结果。可见，规划区的电力节点 1 与电节点 6、电节点 3 与电节点 8 以及电节点 9 与电节点 5 之间的电力馈线与热力管道经过的路径有重叠，该类路径适宜采用综合管廊进行建设。

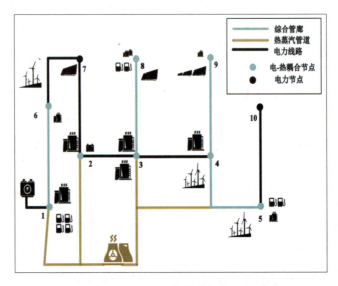

图 3-18　规划区电－气管道综合规划结果

最优方案综合总成本为 4491.08 万元（包括建设成本与对其他场景的适应成本）。

两阶段规划的粒子群寻优过程如图 3-19 所示。

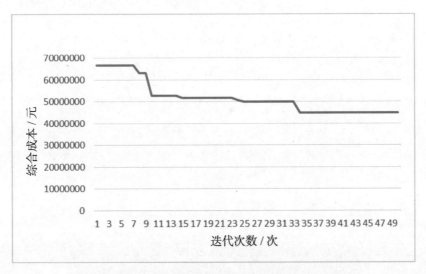

图 3-19　考虑溴化锂机组影响的热网线路规划寻优过程

三、规划方案分析

从规划结果可以发现，考虑了溴化锂制冷机组对电力空调负荷的替代作用后，电力网络的辐射状拓扑与电力设施配置并没有较大改变，但所需规划线路与可再生电源、储能设备的容量有所下降，规划成本进一步降低。

从溴化锂制冷机组的配置结果上看，距离热电厂厂址较近的节点 1—4 配置容量较大，对电力空调负荷的替代效果最明显，距离热电厂厂址距离较远的节点 8、9 也有少量溴化锂制冷机组配置；从热网与电网线路的规划结果来看，规划区电－热耦合紧密，热网络与电网络存在一定的重叠性，采用综合管廊对热－电网络进行实际建设对规划区具有一定的价值。

综合考虑溴化锂制冷机组效用的电－热协同规划结果能有效说明考虑热对电替代作用后电网规划的成本将有所降低，这对于以热电厂作为供热主要方式的海宁市在未来的电网规划上具有一定的指导作用。

第4章

多元不确定场景下的能源互联网示范区网格化电网规划

4.1　能源互联网核心示范区（尖山新区）网格化电网规划

本章基于第二章得到的电力负荷预测结果，采用两种思路对尖山新区的能源互联网开展综合布局规划：一种以 4.1.1 为例，通过以电为中心的方法，综合第二章考虑多元场景下的负荷预测结果，运用传统的网格化规划方法对尖山新区配电网开展规划；另一种以 4.1.2 节为例，采用第三章提出的能源互联网协同规划方法，对尖山新区开展电－热－气协同规划，为尖山新区能源互联网的未来布局提供探索性实践支撑。

4.1.1　以电为中心的网格化电网规划

一、过渡年及远景年高压电网规划

（一）变电容量统筹规划思路

配电网网格化规划是一个空间规划体系，上下级规划之间拥有相互依存关系，这可以增强各区域规划的科学性、权威性和约束性。变电站的出线间隔与变电站的变电容量分配直接相关，变电站的变电容量分配对中压配电网的网架结构也能产生决定性作用，并最终影响到区域间配电网运行的经济性、可靠性和电能质量，因此，变电站变电容量分配是配电网规划的核心内容。

变电容量以"控规单元"为基本单位进行统筹分配，因地制宜，对各区域容载比控制实施差异化、精细化管理。变电站变电容量统筹规划思路（图 4-1）如下。

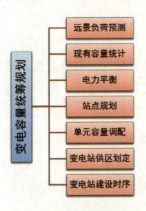

图 4-1　变电站变电容量统筹规划思路图

1. 远景负荷预测

选用空间负荷预测法对规划区进行远景年负荷预测，并根据当地城市规划设计研究院提供的负荷预测水平对负荷预测结果予以修正校验，同时应参照其他发达城市水平对负荷预测结果进行负荷密度校验，确保负荷预测的合理、准确。

2. 现有容量统计

规划区内现有变电站容量并非全为区域内服务，存在部分线路外供的情况，同期有区外变电站线路供入区内。

3. 电力平衡

以远景负荷预测结果为依据，根据规划原则 1.8 ～ 2.2 的容载比需求对规划区进行电力平衡分析，计算变电容量总体需求，使变电容量与负荷匹配发展。

4. 站点规划

根据变电容量需求分析结果，得出需要新增的主变台数。调研现有变电站站址情况，有条件的变电站安排扩建，负荷增长较快、密集的地方考虑新增布点满足负荷发展需求，参照杭州市远期电力设施布局情况并予以修正。

5. 单元容量调配

以各用电单元负荷预测结果为导向，梳理单元现有容量，根据各单元发展定位，设定合理容载比，校验现有变电容量裕度，得出各单元所需变电容量，"分多补少"对各单元变电容量进行调配。

6. 变电站供区划定

根据远景变电站布点及容量调配结果，划定各变电站供电区域，平衡变电站负荷。

7. 变电站建设时序

调研规划区地块建设开发情况，解决近期新增用电需求，超前规划，满足将用电板块用电任务，以地块开发建设、用户用电时间为导向，安排变电站建设时序，保障负荷发展建设。

（二）近期电力需求预测

由尖山新区近期负荷预测结果，可测算出尖山新区 110 kV 电网需求情况，表 4-1 为尖山新区 110 kV 电网近期电力平衡表。

表 4-1　尖山新区 110 kV 电网近期电力平衡表

项目	2017 年	2018 年	2019 年	2020 年	2021 年	2022 年
区内 20（10）kV 网供负荷 /MW	92.57	107.55	124.97	145.20	168.70	196.02
区外 20（10）kV 网供负荷 /MW	6.74	7.35	8.02	8.75	8.89	9.12
35 kV 直供负荷 / MW	0	0	0	0	0	0
容载比选取	1.8～2.2	1.8～2.2	1.8～2.2	1.8～2.2	1.8～2.2	1.8～2.2
上限变电容量需求 /MVA	198.62	229.82	265.98	307.90	355.19	410.28
下限变电容量需求 /MVA	178.76	206.83	239.38	277.11	319.67	369.25
2017 年末变电容量 /MVA	370	370	370	370	370	370
上限需新增变电容量 /MVA	0.00	0.00	0.00	0.00	0.00	40.28
下限需新增变电容量 /MVA	0.00	0.00	0.00	0.00	0.00	0.00

由表 4-1 可知，至 2022 年，尖山新区共需新增变电容量 40.28 MVA，按照下限变电容量需求，至 2022 年，尖山新区无须新建 110 kV 主变。

（三）过渡年及远景年高压变电站规划

1. 近期高压变电站规划

根据海宁市电力设施布局规划，至 2022 年，尖山新区无新建 220 kV 变电站和新建 110 kV 变电站计划。

2. 远景年高压变电站规划

随着对尖山新区开发力度的加大，负荷需求将急剧增长，变电站新增布点的任务变得非常紧急，因此，尖山新区应统筹考虑负荷发展建设情况，参考近期变电站建设必要性论证和最新海宁电力设施布局规划成果，明确近、远期变电站建设时序，满足后期负荷发展建设需求。尖山新区远景年高压变电站建设安排如表 4-2 所示。尖山新区远景年高压变电站布点图如图 4-2 所示。

表 4-2 尖山新区远景年高压变电站建设安排

序号	变电站名称	电压等级/kV	2017年	2018年	2019年	2020年	2021年	2022年	远景年	所属区域
1	尖山变	110	2×80+50	2×80+50	2×80+50	2×80+50	2×80+50	2×80+50	3×80	尖山新区
2	静安变	110	—	—	—	—	—	—	2×80+50	尖山新区

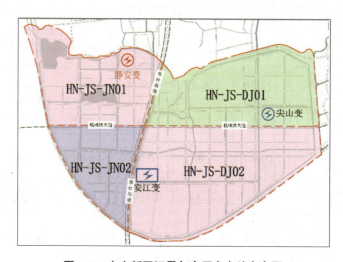

图 4-2 尖山新区远景年高压变电站布点图

（四）电力平衡分析

结合尖山新区负荷预测结果和远景年变电站布点情况，对尖山新区各用电网格进行电力平衡分析，HN-JS-JN02 网格没有变电站提供容量，而 HN-JS-JN01 网格和 HN-JS-DJ02 网格变电容量充裕，尖山新区各网格变电容量分布如表 4-3 所示。

表 4-3 尖山新区各网格变电容量分布

序号	网格名称	负荷/MW	区内变电站						总容量/MVA
			变电站	容量/MVA	变电站	容量/MVA	变电站	容量/MVA	
1	HN-JS-DJ01	51.58	尖山变	240	—	—	—	—	240
2	HN-JS-DJ02	128.82	安江变	120	—	—	—	—	120
3	HN-JS-JN01	45.94	—	—	—	—	—	—	0
4	HN-JS-JN02	34.45	静安变	210	—	—	—	—	210

因此，根据现状负荷需求，统筹各网格变电容量需求，使各网格电网容载比均大于 1.8，变电容量充裕。

（五）变电站资源统筹分配

根据每个网格由 2 个及以上变电站供电的分配思路，对尖山新区各网格进行变电站资源统筹分配。

初步调配结果如表 4-4 所示。

表 4-4　尖山新区变电站容量初步调配结果

序号	网格名称	变电站负荷 / MW	网格区域内变电站		网格区域外变电站		容量 / MVA
			变电站	容量 / MVA	变电站	容量 / MVA	
1	HN-JS-DJ01	51.58	尖山变	70	静安变	30	100
2	HN-JS-DJ02	128.82	安江变	70	尖山变	170	240
3	HN-JS-JN01	45.94	静安变	90	——	——	90
4	HN-JS-JN02	34.45	静安变	40	安江变	50	90

1. 变电容量调配

根据尖山新区容载比目标值及对各配电网格负荷的预测和电源发展的安排，计算所需调配的容量。按照电源布点、负荷发展、成熟（或稳定）区域优先保证的原则，得到统筹区内各配电网格的容量（图 4-3）。

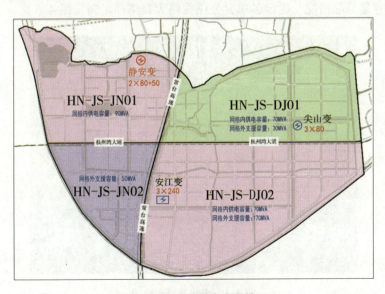

图 4-3　各网格供电容量情况

2. 优化调配

如"变电站容量调配"所述，综合考虑电源分布、区块负荷分布等情况，经对各变电站容量进行优化调配，最终得到各变电站的变电容量调配结果，如图 4-4 所示。

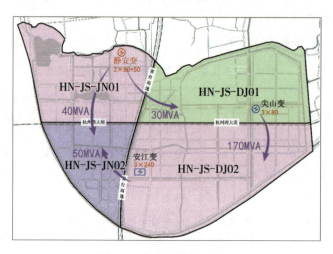

图 4-4　变电容量调配结果

3. 确定组网路径

为建立各变电站之间的灵活联络，实现变电站全停校验，应根据尖山新区各单元容量分配情况，确定各单元公用线路大致路径走向（图 4-5）。

图 4-5　组网路径示意图

4. 确定供电范围

根据变电站容量调配和线路组网路径走向，确定远景年尖山新区各变电站供电范围（图 4-6）。

图 4-6　远景年各变电站供电范围图

二、过渡年及远景年配电网规划

（一）过渡年配电网规划

1. 过渡年配电网规划流程

过渡年配电网规划是在现状电网基础上，根据负荷逐年发展需求，参照目标网架，在有限的电力设施资源条件下，以充分利用现有电力资源、着重解决现存供电矛盾为目的的一种设计方案。它以建设高可靠性、经济性电网为目标，可在电网建设资金有限的条件下，科学、合理地安排建设项目，逐步推进实现目标网架建设。

过渡年配电网规划流程如图 4-7 所示。

图 4-7　过渡年配电网规划流程

（1）现有电网梳理

分别从电网设备水平、网架结构、电网运行、转供能力梳理现状电网情况，对现有电网存在问题进行分类，以目标网架建设标准及相关指标为依据，定位现状电网水平。

（2）负荷发展调研

电网规划以负荷发展需求为导向，建设改造以提升供电可靠性为目标，以满足负荷发展需求、提升供电质量为根本，充分调研负荷发展需求，摸清负荷发展热点，适度超前规划。

（3）理清区域发展情况

对规划区各地块开发建设做调研。城市发展建设分三个阶段，即开发期、发展期和成熟期，按照地块发展建设情况，安排电网建设，做到建设一个单元成熟一个单元，避免多次重复建设给百姓生活用电带来不便。

（4）差异化建设

以目标网架为指导，结合地块开发建设、用户供电敏感度、高压电源布点、现有电网水平进行差异化规划，成熟期做网架梳理，发展期做过渡网架，开发期简易供电，分阶段、分目标差异化规划建设。

（5）落实项目

电网过渡方案规划基于现状电网、电力设施资源开展，规划项目的可实施性需与当地管理人员充分探讨，受电网建设及社会发展的不确定因素影响，需落实项目跟踪负责人，做好项目跟踪，若区域发展变动较大，应及时调整规划方案，做好区域变电容量分配，保障负荷发展需求。

2. 区域高压变电站边界条件

根据海宁市电力设施布局规划，确定尖山新区 2022 年高压变电站的边界条件，如表 4-5 所示。

表 4-5　尖山新区 2022 年高压变电站边界条件统计表

序号	项目	电压等级	变电站	2022 年								
				台数 /台	变电容量 /MVA	分配容量 /MVA	分配公用间隔 /个	分配20kV公用间隔 /个	分配10kV公用间隔 /个	分配线专间隔 /个	分配20kV专用间隔 /个	分配10kV专用间隔 /个
1	区域内	220 kV	安江变	2	240	160	12	12	—	0		
2		110 kV	尖山变	3	210	210	24	14	10	11	8	3
合计				5	450	370	36	26	10	11	8	3

至 2022 年，为尖山新区供电的变电站共有 2 座，共计分配供电容量 450 MVA，区域内分配间隔 47 个。2022 年尖山新区 10 kV 负荷达 255.03 MW，计算容载比为 1.76。

（二）远景年配电网规划

1. 配电网目标网架规划方法

配电网目标网架规划基于上级电源点分布及负荷形态分布搭建，目标网架建设需综合考虑线路承载能力、线路供电半径、负荷用电敏感度等因素，明确目标网架供电边界，具备"自治自愈"的供电能力。配电网目标网架规划方法如图 4-8 所示。

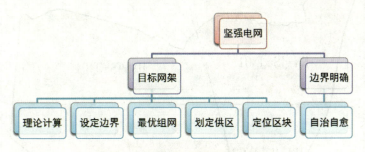

图 4-8　配电网目标网架规划方法

（1）理论计算

结合各供电单元负荷预测结果，根据嘉兴市海宁供电公司线路设备选择及线路限额标准，满足线路"N-1"转供的前提下确定线路承载能力，分析计算电网的出线规模。

（2）设定边界

以上级变电站规划结果为依托，根据变电站建设情况，设定变电站间隔备用数、线路承载能力、线路组网方式、开关站接入能力、供电半径、单元接线上限等边界条件，作为搭建目标网架的参考依据。

（3）最优组网

根据理论计算出线结果，结合现有变电站分布情况，基于现有电网结构，在满足负荷供电需求的前提下以目标接线为依托，明确各变电站出线规模，预留备用线路间隔，结合负荷特性分布，以站间组环方式为主，综合考虑最优供电半径、供电路径、单元供电负荷等因素，组建标准目标网架。

（4）划定供区

参照空间负荷各地块预测结果，结合各单元中压线路出线规模，按照单元接线方式，落实线路供电边界，明确线路供电范围，定位线路故障区块，便于电网运维管理。

（5）定位区块

参照空间负荷各地块预测结果，以环网单元挂接容量及供电范围为依据，布点环网单元，落实环网单元供电区域，精细化定位，高效率维护、管理。

2.远景年尖山新区各用电网格负荷情况

尖山新区负荷以工业用电为主，具体各网格负荷情况如图4-9所示。

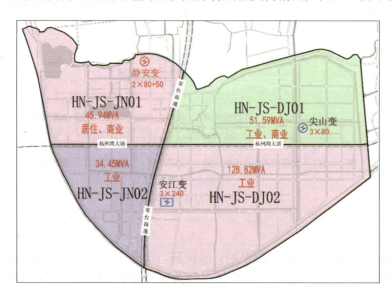

图4-9　尖山新区各网格负荷情况

3. 远景年高压变电站边界条件

（1）远景年 10 kV 线路理论需求计算

根据区域变电容量统筹规划结果，结合各单元空间负荷预测结果，在变电站出线间隔统筹分配的指导下，以"多分段适度联络和单联络"为网架规划目标，以"出线数量"最小为网架优化目标，以变电站现状出线数量、变电站间隔总数及站间联络线路数量平衡为约束，根据负荷的实际地理分布（用地规划），优化网架布局（线路走向），为变电站资源分配提供更实际的优化分配方案。20 kV 线路按照每条线路最大平均负荷为 6～8 MW 进行电网建设规模分析计算，为实现目标网架建设，分析计算得到的理论出线为 27～34 条，各单元分析计算如表 4-6 所示。

表 4-6　中压配电网线路需求计算分析表

序号	单元名称	公用线路负荷 /MW	理论最多出线 / 条	理论最少出线 / 条
1	HN-JS-DJ01	41.03	7	6
2	HN-JS-DJ02	73.23	13	10
3	HN-JS-JN01	45.94	8	6
4	HN-JS-JN02	34.45	6	5
合计			34	27

（2）远景年高压变电站边界条件分析

结合变电站资源统筹分配及各单元理论出线需求分析技术，确定尖山新区远景年高压变电站的边界条件，其分配容量及间隔统计如表 4-7 所示。

表 4-7　尖山新区远景年高压变电站边界条件统计表

序号	项目	电压等级	变电所	远景年				
				台数 / 台	变电容量 / MVA	分配容量 / MVA	分配 20 kV 公用间隔 / 个	分配 20 kV 专线间隔 / 个
1	区域内	220 kV	安江变	3	720	120	17	1
2		110 kV	尖山变	3	240	240	21	9
3		110 kV	静安变	3	210	160	20	—
合计				9	1170	520	58	10

89

至远景年，为尖山新区供电的变电站共有 3 座，共计分配供电容量 520 MVA，分配间隔 68 个，其中公用间隔 58 个、专用间隔 10 个。

（三）尖山新区各网格电网建设发展演变规划

1. HN-JS-DJ01 网格电网建设发展演变规划

（1）网格整体概况

海宁市尖山新区 HN-JS-DJ01 网格区域为钱塘江路以北、杭州湾大道以南、高阳河以东、常台高速以西，该区域为 B 类供电区域，区域面积为 10.97 km²，实际供电面积为 6.85 km²。现有 20 kV 线路 6 条、10 kV 线路 4 条，由尖山变供电。用电类型以工业、商业为主。

（2）现状年

网格总负荷为 27.82 MW，负荷密度为 4.06 MW·km^{-2}，供电模式为 1 组 20 kV 两联络、3 组 20 kV 单联络、1 组 10 kV 单联络、1 回 20 kV 单辐射、1 回 10 kV 单辐射，供电电源为尖山变。电网存在问题有：①挂接配变超标 3 回；②单辐射 2 回；③同站联络 2 回；④供电半径超标 6 回；⑤N-1 未通过 2 回。

HN-JS-DJ01 网格现状年电力网格链图、拓扑图如图 4-10、4-11 所示。

图 4-10　HN-JS-DJ01 网格现状年电力网格链图

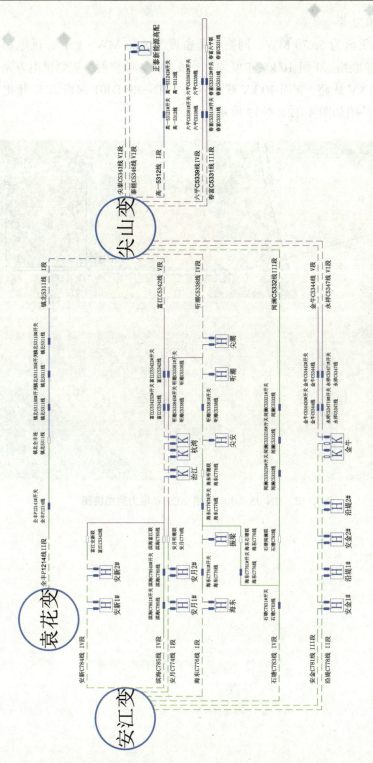

图 4-11　HN-JS-DJ01 网格现状年电力拓扑图

91

（3）2022年

网格总负荷为 56.70 MW，网格负荷密度为 8.28 MW·km^{-2}，供电模式为 2 组 20 kV 单联络、1 组 10 kV 单联络、1 回 20 kV 单辐射。规划供电方案：尖山变 6 回 20 kV 线路、2 回 10 kV 线路供电。HN-JS-DJ01 网格 2022 年电力网格链图、拓扑图如图 4-12、4-13 所示。

图 4-12　HN-JS-DJ01 网格 2022 年电力网格链图

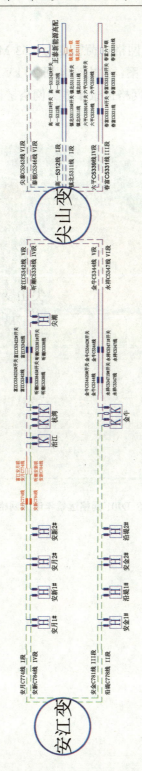

图 4-13　HN-JS-DJ01 网格 2022 年电力拓扑图

（4）远景年

网格总负荷为 51.58 MW，网格负荷密度为 7.53 MW·km^{-2}，供电模式为 4 组 20 kV 单联络。规划供电方案：尖山变 4 回 20 kV 线路供电；静安变 2 回 20 kV 线路供电。HN-JS-DJ01 网格远景年电力网格链图、拓扑图如图 4-14、4-15 所示。

图 4-14　HN-JS-DJ01 网格远景年电力网格链图

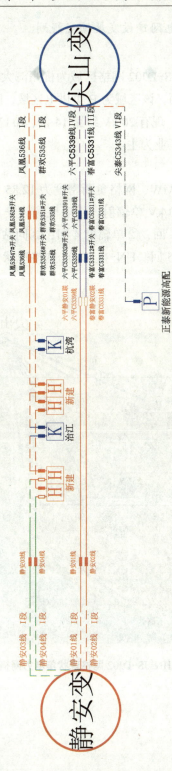

图 4-15　HN-JS-DJ01 网格远景车电力拓扑图

2. HN-JS-DJ02 网格电网建设发展演变规划

（1）网格整体概况

海宁市尖山新区 HN-JS-DJ02 网格区域为杭州湾大道以北、钱塘江以南、高阳河以东、常台高速以西，该区域为 B 类供电区域，区域面积为 16.12 km²，实际供电面积为 10.54 km²。现有 20 kV 线路 14 条、10 kV 线路 2 条，由安江变、尖山变供电。用电类型以工业为主。

（2）现状年

网格总负荷为 135.40 MW，网格负荷密度为 12.85 MW/km⁻²，供电模式为 8 组 20 kV 单联络、2 回 10 kV 单辐射，供电电源为安江变、尖山变。电网存在问题：①挂接配变超标 6 回；②单辐射 4 回；③同站联络 4 回；④供电半径超标 3 回；⑤N-1 未通过 5 回。HN-JS-DJ02 网格现状年电力网格链图、拓扑图如图 4-16、4-17 所示。

图 4-16　HN-JS-DJ02 网格现状年电力网格链图

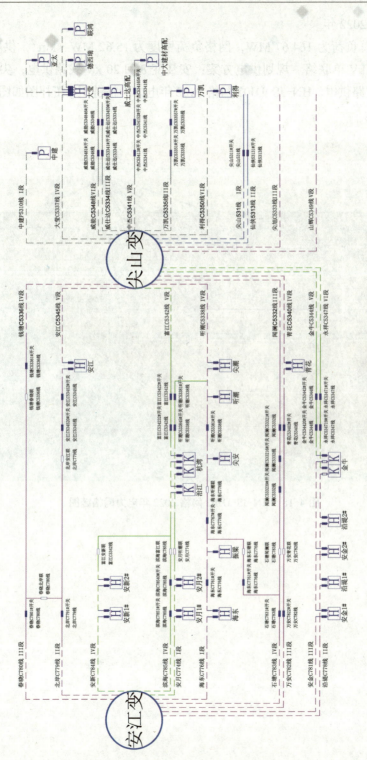

图 4-17　HN-JS-DJ02 网络现状年电力拓扑图

（3）2022 年

网格总负荷为 164.67 MW，网格负荷密度为 15.62 MW·km^{-2}，供电模式为 8 组 20 kV 单联络。规划供电方案：安江变 8 回 20 kV 线路供电；尖山变 6 回 20kV 线路供电。HN-JS-DJ02 网格 2022 年电力网格链图、拓扑图如图 4-18、4-19 所示。

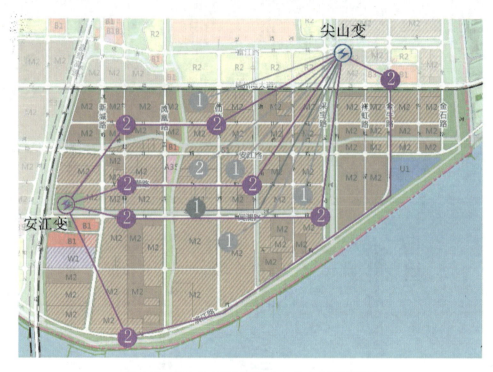

图 4-18　HN-JS-DJ02 网格 2022 年电力网格链图

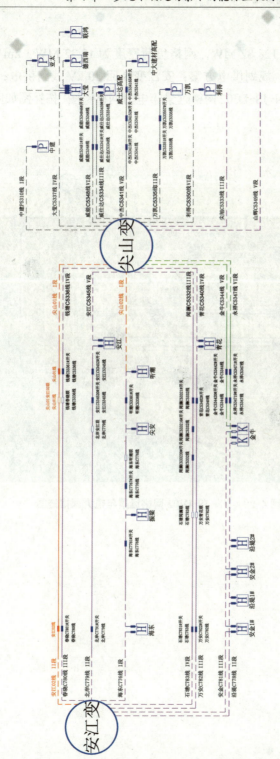

图 4-19　HN-JS-DJ02 网格 2022 年电力拓扑图

（4）远景年

网格总负荷为 128.82 MW，网格负荷密度为 12.22 MW·km^{-2}，供电模式 8 组 20 kV 单联络，规划供电方案：安江变 8 回 20 kV 线路供电；尖山变 8 回 20 kV 线路供电。HN-JS-DJ02 网格远景年电力网格链图、拓扑图如图 4-20、4-21 所示。

图 4-20　HN-JS-DJ02 网格远景年电力网格链图

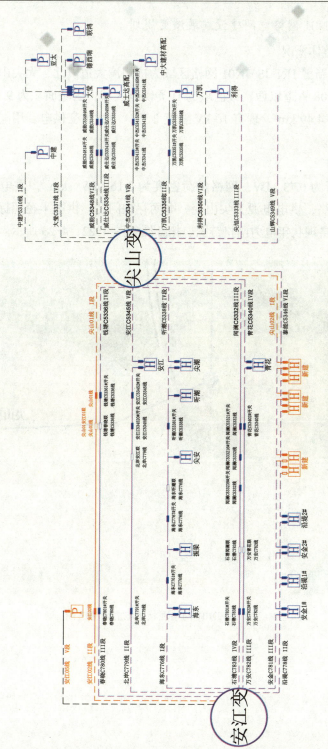

图 4-21　HN-JS-DJ02 网格远景年电力拓扑图

101

3. HN-JS-JN01 网格电网建设发展演变规划

（1）网格整体概况

海宁市尖山新区 HN-JS-JN01 网格区域为杭州湾大道以北、大尖山以南、常台高速以东、08 省道以西，该区域为 B 类供电区域，区域面积为 9.1 km²，实际供电面积为 4.49 km²。现有 10 kV 线路 2 条，由尖山变供电。用电类型以居民、商业为主。

（2）现状年

网格总负荷为 0.73 MW，网格负荷密度为 0.16 MW·km⁻²，供电模式为 2 组 10 kV 单联络，供电电源为尖山变。电网存在问题：供电半径超标 2 回。HN-JS-JN01 网格现状年电力网格链图、拓扑图如图 4-22、4-23 所示。

图 4-22　HN-JS-JN01 网格现状年电力网格链图

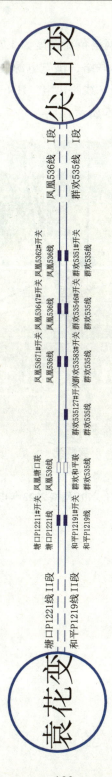

图 4-23 HN-JS-JN01 网格现状年电力拓扑图

（3）2022 年

网格总负荷为 7.93 MW，网格负荷密度为 1.77 MW·km^{-2}，供电模式为 1 组 20 kV 单联络、2 组 10 kV 单联络，供电电源为尖山变。规划供电方案：尖山变 1 回 20 kV 线路、2 回 10 kV 线路供电。HN-JS-JN01 网格 2022 年电力网格链图、拓扑图如图 4-24、4-25 所示。

图 4-24　HN-JS-JN01 网格 2022 年电力网格链图

图 4-25 HN-JS-JN01 网格 2022 年电力拓扑图

（4）远景年

网格总负荷为 45.94 MW，网格负荷密度为 10.23 MW·km^{-2}。供电模式为 6 组 20 kV 单联络。规划供电方案：静安变 8 回 20 kV 线路供电。HN-JS-JN01 网格远景年电力网格链图、拓扑图如图 4-26、4-27 所示。

图 4-26　HN-JS-JN01 网格远景年电力网格链图

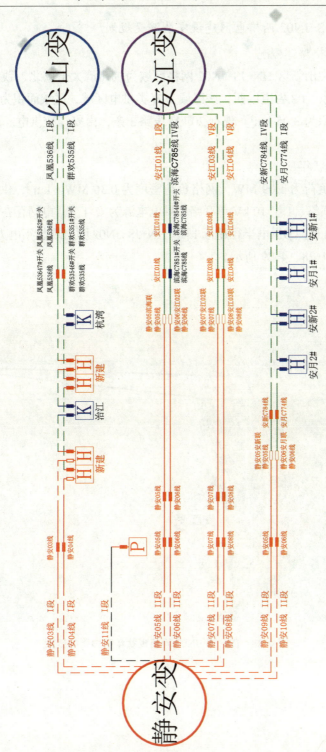

图 4-27　HN-JS-JN01 网格远景年电力拓扑图

4. HN-JS-JN02 网格电网建设发展演变规划

（1）网格整体概况

海宁市尖山新区 HN-JS-JN02 网格区域为杭州湾大道以北、钱塘江以南、常台高速以东、08 省道以西，该区域为 B 类供电区域，区域面积为 5.74 km²，实际供电面积为 3.05 km²。现有 20 kV 线路 3 条，由安江变供电。用电类型以工业为主。

（2）现状年

网格总负荷为 1.09 MW，网格负荷密度为 0.36 MW·km⁻²，供电模式为 1 组 20 kV 两联络、1 组 10 kV 单联络，供电电源为安江变。电网存在问题：①挂接配变超标 1 回；②供电半径超标 1 回。HN-JS-JN02 网格现状年电力网格链图、拓扑图如图 4-28、4-29 所示。

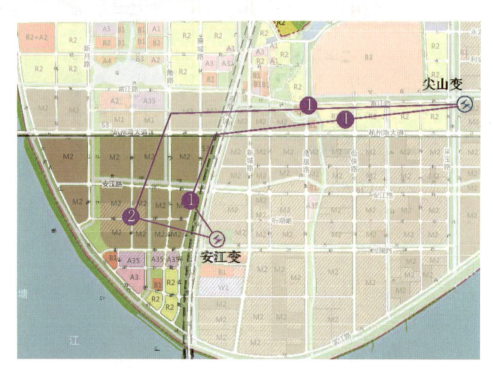

图 4-28　HN-JS-JN02 网格现状年电力网格链图

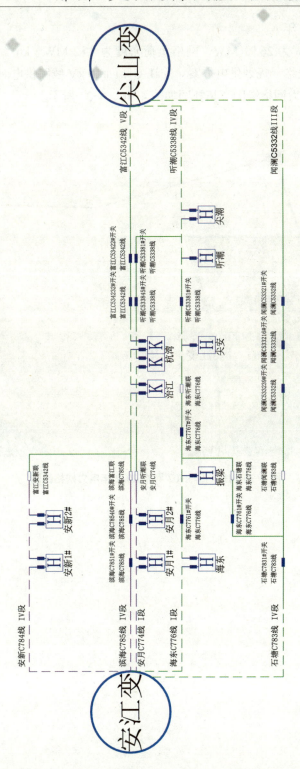

图 4-29 HN-JS-JN02 网格现状年电力拓扑图

（3）2022 年

网格总负荷为 26.91 MW，网格负荷密度为 8.82 MW·km^{-2}，供电模式为 3 组 20 kV 单联络。规划供电方案：安江变 4 回 20 kV 线路供电。HN-JS-JN02 网格 2022 年电力网格链图、拓扑图如图 4-30、4-31 所示。

图 4-30　HN-JS-JN02 网格 2022 年电力网格链图

图 4-31　HN-JS-JN02 网格 2022 年电力拓扑图

（4）远景年

网格总负荷为 34.45 MW，网格负荷密度为 11.30 MW·km^{-2}，供电模式 6 组 20 kV 单联络。规划供电方案：安江变 6 回 20 kV 线路供电。HN-JS-JN02 网格远景年电力网格链图、拓扑图如图 4-32、4-33 所示。

图 4-32 HN-JS-JN02 网格远景年电力网格链图

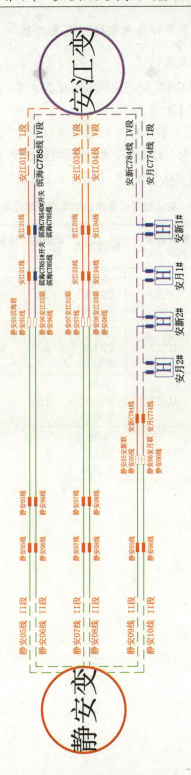

图 4-33　HN-JS-JN02 网格远景年电力拓扑图

（四）尖山新区远景年目标网架规划成果汇总

1.远景年区域负荷发展情况

尖山新区远景年目标网架规划成果汇总见表 4-8，尖山新区远景年配电网目标网架拓扑图如图 4-34 所示。

至远景年，尖山新区共有 10 kV 公用线路 60 条，形成 16 个典型接线供电单元。线路平均负荷约为 5.41 MW，线路平均负载率 38.62%，线路联络化率100.00%，站间联络化率 100.00%，N-1 通过率 100.00%。

表 4-8　尖山新区远景年目标网架规划成果汇总

序号	用电网格名称	公用线路负荷 /MW	负荷密度 /（MW·km^{-2}）	组网方式	电源数量 /个	供电线路 /条	供电单元 /个	线路平均供电负荷 /（MW·条$^{-1}$）
1	HN-JS-DJ01	41.03	7.53	4组 20 kV 单联络	2	6	4	6.84
2	HN-JS-DJ02	73.23	12.22	8组 20 kV 单联络	2	16	8	6.10
3	HN-JS-JN01	45.94	10.23	6组 20 kV 单联络	1	8	6	5.74
4	HN-JS-JN02	34.45	11.30	6组 20 kV 单联络	1	6	6	5.74

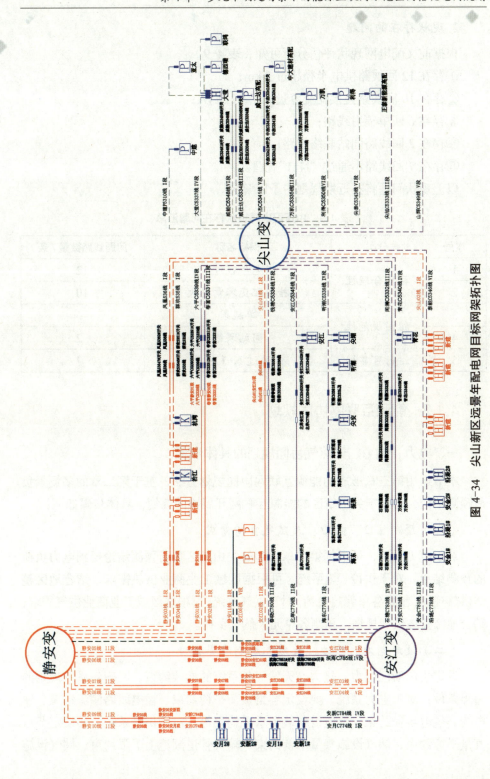

图 4-34　尖山新区远景年配电网网架拓扑图

2.现状存在的问题

根据前文配电网现状评估分析可知（表4-9）：

①存在 12 回线路供电半径超过 3 km；

②存在 10 回线路挂接配变容量大于 12 MVA；

③存在 6 回单辐射线路；

④存在 2 回线路同站联络线路；

⑤存在 7 回线路不通过"N-1"校验。

以上现状问题将在近期规划中予以解决。

表 4-9　中压配电网现状存在问题汇总

序号	分类	指标名称	问题线路数量 / 条
1	技术合理性	供电半径过长	12
2		挂接配变容量过大	10
3	组网规范性	单辐射	6
4		同站联络	2
5	运行可靠性	未通过 N-1 校验	7

4.1.2　能源互联网协同规划

一、电力、热力、天然气协同规划的具体步骤

本节运用第三章形成的能源互联网协同规划方法，基于第二章的多场景负荷预测结论，对海宁尖山新区的能源互联网开展协同规划，具体步骤如下：

（一）预测电力、热力、天然气负荷需求

对于电力系统，可根据第二章得到的尖山新区负荷预测结论得到电力负荷的预测结果。对于供冷 / 热系统，可根据区域工业商业供热需求，结合地区整体供热规划，预测各单元热负荷。对于供气系统，可根据区域工业商业供气需求，结合地区整体供气规划，预测各单元天然气负荷。

（二）设定电力、热力、天然气规划边界条件

设定尖山新区电力、热力、天然气各系统的参数约束，明确各系统规划的边界条件：对于电力系统，要设定容量负荷平衡约束、输电线路潮流约束、输电线路供电半径约束、变电设备装备水平约束等；对于供气系统，要设定节点气量平衡约束、储气设施气量平衡约束、输气管道潮流上下限约束、储气设施

容量约束等；对于供冷 / 热系统，要设定热负荷平衡约束、输热管道热量损失约束、热蒸汽管道容量约束等。

（三）确定电力、热力、天然气节点选址和容量

以尖山新区系统各约束参数结果为依托，根据各系统建设标准和原则，确定各能源输送节点选址和定容。对于电力系统，要确定变电站的选址与定容，中高压输电线路的通道和路径，配电设施的布局规划。对于供气系统，要确定燃气机组的选址与定容、天然气管道的路径与容量。对于供冷 / 热系统，要确定热电厂的选址与定容、蒸汽管道的路径与容量。

（四）电-气、电-热耦合及协同

通过尖山新区不同能源之间的转化效率和调度系数得到耦合矩阵中的系数（不同类型能源相互转化的比例），设定各系统输入能源中心的不同类型的能源量以及耦合矩阵的系数，建立电-气转换模型、电-热耦合模型。

（五）多能源系统协同规划最优化

建立尖山新区能源中心最优调度、多能源网络最优潮流模型。能源中心最优调度以整个能源中心的供能成本最小作为优化目标，其决策变量则为输入能源中心的不同类型的能源量以及耦合矩阵的系数（不同类型能源相互转化的比例）。多能源网络的最优潮流模型则采用最小化整个网络的总供能成本作为优化目标，其决策变量则为各个能源中心的输入和输出能源量以及各耦合矩阵的系数。通过多能源协同规划算力，可实现多能源协同规划最优化。

（六）电力、热力、天然气协同规划

根据多能源协同规划算力优化结果，结合电力、热力、天然气各系统节点选址和容量，在电力、热力、天然气各系统规划的边界条件下，以电力系统为核心，结合交通、天然气等系统规划多能源通道。同时，利用互联网及其他前沿信息技术，促进以电力系统为核心的大能源网络内部设备的信息交互，实现能源生产与消耗的实时平衡。

二、协同规划下尖山新区远景年能源互联网综合布局规划

尖山新区能源互联网综合布局规划示意图如图 4-35 所示。

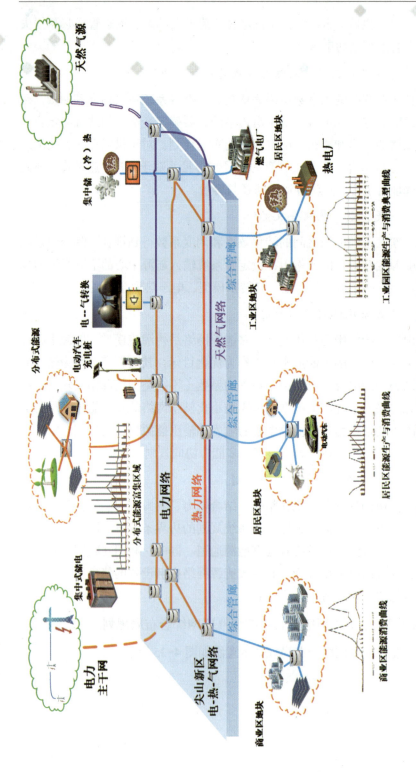

图 4-35 尖山新区能源互联网综合布局规划示意图

尖山新区电力、热力、天然气管道图分别如图 4-36 至图 4-38 所示。

图 4-36　尖山新区电力管道图

图 4-37　尖山新区热力管道图

图 4-38 尖山新区天然气管道图

尖山新区远景年能源互联网规划成果汇总见表 4-10。

表 4-10 尖山新区远景年能源互联网规划成果汇总

序号	设施类型	所在供电网格	额定功率 /MW	电压等级 /KV
1	风电厂	HN-JS-JN02	60	110
2	风电厂	HN-JS-DJ02	40	220
3	光伏站	HN-JS-DJ01	80	110
4	光伏站	HN-JS-DJ02	120	220
5	储能站	HN-JS-DJ01	40	110
6	储能站	HN-JS-DJ02	60	220
7	充电站	HN-JS-JN01	2.2	20
8	充电站	HN-JS-JN02	1.6	20
9	充电站	HN-JS-DJ01	1.8	20
10	电转气站	HN-JS-JN02	10	220
11	电转气站	HN-JS-DJ02	12	110
12	燃气电站	HN-JS-JN01	40	110

三、协同规划下尖山新区远景年配电网网架规划

协同规划下尖山新区综合能源规划图如图 4-39 所示。

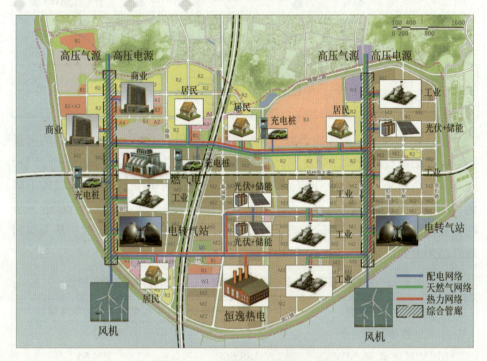

图 4-39　尖山新区综合能源规划图

采用能源互联网协同规划后的尖山新区远景年目标电力网架成果如表 4-11 所示，可以发现在 HN-JS-DJ01 网格与 HN-JS-JN01 网格由于居民采用了一定的溴化锂制冷机替代空调负荷以及燃气电厂的建造，使得上述网格的网供负荷有所下降，相应的负荷密度也有所下降，而 HN-JS-DJ02 网格由于电转气设备的引入，网供负荷有增加。

表 4-11　协同规划下尖山新区远景年目标电力网架成果汇总

序号	用电网格名称	公用线路负荷 / MW	负荷密度 / (MW·km⁻²)	组网方式	电源数量 / 个	供电线路 / 条	供电单元 / 个	线路平均供电负荷 / (MW·条⁻¹)
1	HN-JS-DJ01	35.24	6.23	4 组 20 kV 单联络	2	6	4	6.34
2	HN-JS-DJ02	76.23	12.42	8 组 20 kV 单联络	2	16	8	6.16

序号	用电网格名称	公用线路负荷 / MW	负荷密度 / (MW·km⁻²)	组网方式	电源数量 / 个	供电线路 / 条	供电单元 / 个	线路平均供电负荷 / (MW·条⁻¹)
3	HN-JS-JN01	42.94	10.15	6 组 20 kV 单联络	1	8	6	5.71
4	HN-JS-JN02	34.25	11.16	6 组 20 kV 单联络	1	6	6	5.72

将目标电力网架的相应参数与 4.1.1 节得到的以电为中心电网规划的远景年目标网架参数进行对比后发现，尖山新区 10kV 公用线路从 60 条下降到 53 条，线路平均负荷从 5.41 MW 下降到了 5.22 MW，线路平均负载率从 38.62% 下降到了 36.33% 如表 4-12 所示。由此可见，进行电－热－气协同规划，能进一步挖掘其他能源对电力规划的影响，可以打破传统规划方法的局限性，从而得到规划结果上的优化。

表 4-12　协同规划下的远景年目标网架与 4.1.1 节目标网架各参数对比

相关电力网络参数	电－热－气协同规划	以电为中心的电网规划
10KV 线路数量 / 个	53	60
10KV 网络负荷 /MW	188.66	194.65
10KV 线路平均负荷 /MW	5.22	5.41
10KV 线路平均负载率 /%	36.33	38.62

4.2　能源互联网重点示范区以电为中心的网格化电网规划

考虑到重点示范区覆盖范围较大，而多能耦合环节往往应用于 10 kV 园区级配电网中，采用第三章的电－热－气网络分析重点示范区意义不大。热电厂接入电压一般为 35 kV 到 110 kV，其分布会对中高压电力设施的布局产生影响。因此，本节将热电厂对电力设施的影响进行量化，采用以电为中心的高压电网规划方法对考虑热影响的重点示范区中高压电网开展布局规划。

4.2.1　以电为中心的高压电网规划

本节依托海宁市能源互联网发展规划，综合考虑与主网相连的热电厂对海宁市重点地区电网规划的影响，对海宁市能源互联网重点发展区域的 110 kV、35 kV 高压电网开展布局规划。

一、区域现状概况

如图 4-40 所示，海宁市能源互联网重点发展区域包含马桥街道、海州街道、海昌街道、硖石街道四个街道以及袁花镇、尖山新区两个镇区。根据现有的《2030年远期电网地理接线图》，上述区域将形成包含 18 座 110 kV 变电站址、2 座35 kV 变电站址以及 3 座 220 kV 变电站址的供电区域。

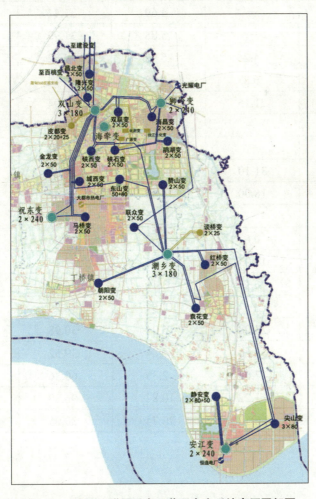

图 4-40　能源互联网重点示范区电力系统高压网架图

二、重点发展区域网供负荷划分

如表4-13、4-14所示，通过对上述海宁市能源互联网重点发展区域的电力、热力用户进行分析，可以大致将用户分为工业用户、商业及用户以及其他用户三大类。

表4-13　重点发展区域各变电站址范围电力负荷情况

MW

变电站址	工业用户	其他用户	商业居民用户	总计
金龙变	—	1.38	25.53	26.91
谈桥变	0.49	3.61	25.31	29.41
硖石变	—	7.89	24.35	32.24
双联变	—	4.69	31.41	36.10
赞山变	—	5.88	31.99	37.87
祝东变	4.24	5.98	29.52	39.74
朝阳变	6.88	4.78	30.14	41.80
皮都变	21.15	0.78	22.04	43.97
联众变	—	6.73	38.56	45.29
广顺变	—	2.20	44.34	46.54
马桥变	31.10	4.42	17.08	52.60
昌北变	18.00	5.42	30.44	53.86
东山变	—	4.75	50.05	54.80
鹃湖变	0.67	9.60	45.76	56.03
海昌变	14.03	0.62	47.49	62.14
狮岭变	6.19	3.11	54.16	63.46
硖西变	—	17.57	46.24	63.81
红桥变	23.98	15.24	30.98	70.20
安江变	33.66	5.84	39.52	79.02
隆兴变	17.04	2.39	60.26	79.69
袁花变	1.22	10.82	96.89	108.93
尖山变	66.50	20.74	30.05	117.29

表 4-14　重点区域各变电站址范围热力负荷情况

t·h⁻¹

变电站址	工业用户	其他用户	商业居民用户	总计
金龙变	—	0.28	15.32	15.60
谈桥变	0.53	0.72	15.18	16.43
硖石变	0.00	1.58	14.61	16.19
双联变	0.00	0.94	18.84	19.78
赞山变	0.00	1.18	19.20	20.38
祝东变	4.66	1.20	17.71	23.57
朝阳变	7.57	0.96	18.08	26.61
皮都变	23.27	0.16	13.22	36.65
联众变	0.00	1.35	23.14	24.49
广顺变	0.00	0.44	26.60	27.04
马桥变	34.21	0.88	10.25	45.34
昌北变	19.80	1.08	18.27	39.15
东山变	0.00	0.95	30.03	30.98
鹃湖变	0.74	1.92	27.46	30.12
海昌变	15.43	0.12	28.50	44.05
狮岭变	6.80	0.62	32.50	39.92
硖西变	0.00	3.51	27.74	31.25
红桥变	26.37	3.05	18.59	48.01
安江变	37.03	1.17	23.71	61.91
隆兴变	18.74	0.48	36.16	55.38
袁花变	1.34	2.16	58.13	61.63
尖山变	73.15	4.15	18.03	95.33

从上述结果可以看出，热电厂规划位置为工业用户分布较为密集的安江变、尖山变区域，商业居民用户分布较为密集的袁花变、红桥变区域以及工商业较为均衡、负荷密度较高的海昌变、隆兴变区域。相比现有的两座热电厂的规划建设，新的热电厂规划建设充分考虑了热电耦合的关系，形成的规划结果也更为合理。

从电力线路的规划结果可以看出，由于规划方法考虑了热电厂出力对电负荷的替代作用，线路的规划支路数相比之前的电网规划结果有所下降，降低了重点发展区域电力线路的建设成本。

三、热电联产对电网规划的影响

重点发展区域的工业用户主要以皮革、轻纺为主，需要较大的热能供应。因此，应根据工业用户的分布情况建设热电厂，以保障热源的经济性。热电厂热源供热成本 C_h^l 与供热物理距离的关系为

$$C_h^l = c_h \cdot (\alpha_R + \alpha_C) \cdot (T_w - T_f) \cdot l^2$$

式中：α_R，α_C 分别为辐射给热系数与对流给热系数，一般为 16.8 W·$(m^{-2} \cdot ℃^{-1})$；$T_w - T_f$ 为热管道与大气的温差，一般为 27 ℃；c_h 为单位供热成本，为 10 元·kW^{-1}。

重点发展区域的商业用户主要以大型超市、综合体与酒店为主，与居民负荷类似，其所需的冷热能源主要用于电空调制冷制热所用。若考虑上述冷热需求转为由溴化锂制冷机供应，则将在一定程度上减少上述负荷对电力的需求，从规划层面上减少对输电线路、变电站容量的需要，从而降低电网规划成本。对于工业、商业及其他用户而言，其由溴化锂制冷机组取代电力的电负荷替代系数占比如表 4-13 所示。

表 4-15　电－热网络各用户电负荷替代系数占比

用户类型	工业用户	其他用户	商业居民用户
替代系数 /%	10	5	25

结合现有的海宁市热电联产机组规划，现状年该重点发展区域包括大都会热电厂与恒逸热电厂两个建设厂址，然而现有的热电场址规划建设并未充分考虑上述热电耦合情况。因此，本节将热电厂厂址与容量作为规划参数，运用两阶段规划方法综合考虑热电厂的供热成本与电负荷替代效益开展规划。

电力线路选型如表 4-16 所示。

表 4-16　电力线路选型

型号	外径 /mm	重量 / （kg·km^{-1}）	电阻 / （Ω·km^{-1}）	电抗 / （Ω·km^{-1}）	线路容量 / MW
LGJ-50	11.6mm	372	0.185	0.104Ω/km	50

四、规划结果

本节根据上述参数，基于两阶段能源互联网规划方法，形成海宁市能源互联网重点发展区域中高压电网规划结果。海宁市能源互联网重点发展区域共规划建设 3 座热电厂，各热电厂详细参数如表 4-17 所示。

表 4-17　热电厂详细参数

名称	位置	产热功率 / (t·h^{-1})	热电比 /%	热转化效率 /%
规划热电厂 1	双联变	250	600	90
规划热电厂 2	袁花变	320	500	90
规划热电厂 3	安江变	360	500	90

综合以上分析，海宁市能源互联网重点发展区域将新建 3 座热电厂，分别位于工业用户分布较为密集的安江变、尖山变区域，商业居民用户分布较为密集的袁花变、红桥变区域，以及工商业较为均衡、负荷密度较高的海昌变、隆兴变区域。

通过算法优化分析，传统规划方案与综合能源规划方案结果对比如表 4-18 所示。

表 4-18　传统规划方案与综合能源规划方案结果对比

变电站	传统规划方案		综合能源规划方案	
	主变台数	容量	主变台数	容量
东山变	2	130	1	80
赞山变	2	100	1	50
静安变	3	210	2	130

4.3　能源互联网海宁全域网格化电网规划

本节应用 4.1.1 节的方法，对考虑分布式可再生能源以及热电联产影响的海宁市能源互联网推广应用区（海宁市全域）开展以电为中心的能源互联网电网规划，结果如图 4-41 所示。

图 4-41 能源互联网海宁市全域网格化规划

参考文献

[1] 周敬东, 李树满. 基于"智慧发展, 精益规划"的城市能源互联网建设途径 [J]. 企业管理, 2017（增刊 2）：122-123.

[2] 周敬东. 城市能源互联网的技术架构及在厦门市的实践探索 [J]. 电力系统保护与控制, 2019, 47（12）：165-176.

[3] 郝文斌, 陈立, 余晋, 等. 城市能源互联网体系架构设计研究 [J]. 通信电源技术, 2017, 34（2）：120-122.

[4] 洪亮平. 城市能源战略与城市规划 [J]. 太阳能, 2006（1）：13-17.